Bijoux
de tous pays

Bijoux de tous pays

45 IDÉES ORIGINALES ISSUES
DES QUATRE COINS DU MONDE
POUR CRÉER SOI-MÊME COLLIERS,
BRACELETS ET BOUCLES D'OREILLES.

Sara Withers

Dessain et Tolra

Édition originale :
« Fashion Beads »
1996, Thames and Hudson Ltd,
London, Great Britain
Copyright © 1996 by
Quarto Publishing plc

« Toute représentation ou reproduction intégrale ou partielle, faite sans le consentement de l'auteur, ou de ses ayants droit, ou ayants cause, est illicite. »
(Loi du 11 mars 1957, alinéa 1er de l'article 40.) Cette représentation ou reproduction, par quelque procédé que ce soit, constituerait une contrefaçon sanctionnée par les articles 425 et suivants du code pénal. La loi du 11 mars 1957 n'autorise, aux termes des alinéas 2 et 3 de l'article 41, que les copies ou reproductions strictement réservées à l'usage privé du copiste et non destinées à une utilisation collective d'une part, et, d'autre part, que les analyses et les courtes citations dans un but d'exemple et d'illustration.

Édition française :
Traduction : Magali GUENETTE
Révision et préparation :
Isabelle MACÉ
Direction éditoriale :
Catherine FRANCK-DANDRES
Édition : Mélanie BAUER,
Philippe BRANDILY
Coordination technique :
Jérôme BON
Composition : LINÉALE PRODUCTION
© Larousse-Bordas, 1996
ISBN : 2-04-021766-5
Imprimé à Singapour par
Star Standard Printers Ltd

SOMMAIRE

INTRODUCTION 6

GUIDE D'UTILISATION 8

OUTILS ET MATÉRIEL 10

TECHNIQUES 14

FINITION 14
FIL MÉTALLIQUE 16
TISSAGE DES PERLES 19
MÉTIER À TISSER 21
TRAVAIL DU FIL 22
TERRE À MODELER 24

AMÉRIQUE 26

INSPIRATION AMÉRINDIENNE 28

INSPIRATION PRÉCOLOMBIENNE 30

JABONCILLO ET CÉRAMIQUE 32

PLUMES D'ARGENT 34

RÊVE SUD-AMÉRICAIN 36

BRACELET INDIEN 38

AILES D'OISEAU « BAMBOU » 40

PENDENTIF SUR CORDELETTE 44

COLLIER PÉRUVIEN 46

Europe 48

Joyaux de couronne 50
Ancien et moderne 52
Tour de cou édouardien 54
Parure allemande en bois 56
Chaîne de Bohême 58
Céramique grecque 60
Terre à modeler 62
Torsades rose et bleu 64
Collier en verre noir 66

Extrême-Orient 88

Cinabre chinois 90
Porcelaine chinoise 92
Envol de phénix 94
Perles « oiseau » indonésiennes 96
Perles et macramé 98
Argent de Thaïlande 100
Émail chinois 102
Oiseaux de paradis 104
Jade Soo Chow 106

Moyen-Orient 68

Influence orientale 70
Perles de prière 72
Collier égyptien 74
Améthyste et argent 76
Magie de l'Orient 78
Inspiration iranienne et indienne 80
Bazar indien 82
Pièces indiennes 84
Cœurs indiens 86

Afrique 108

Bronze baoulé 110
Spirales africaines 112
Trésors du souk 114
Fleurs d'Afrique 116
Céramique Kazuri 118
Puissances africaines 120
Mystères mauritaniens 122
Perles de mariage 124
Trésors d'Afrique 126

Remerciements 128

Introduction

Mon engouement pour les perles remonte au début des années soixante-dix, époque à laquelle je fournissais un groupe de magasins en perles importées d'Inde, d'Afghanistan et du Maroc. L'une des tâches que j'affectionnais particulièrement consistait à trier les kilos de perles en verre millefiore, ou « Goulimine », fabriquées à Venise pour le marché africain, mais rapportées du Maroc par des voyageurs.

La première fois que je les ai vues, c'était chez un grossiste qui les vendait 15 livres sterling le kilo. J'en achetai quelques-unes pour moi-même, mais ne commençai à me pencher sur leur histoire que bien des années plus tard. Par la suite, j'approvisionnai quelques magasins d'Angleterre, achetant mes perles à une charmante dame du nom de Zoe Yalland qui les importait d'Inde. Puis j'entrepris de créer mes propres bijoux et compris alors que les perles étaient devenues une véritable passion.

Deux choses m'ont influencée dans ma réflexion sur l'origine et l'histoire des perles. La première fut l'*Histoire des perles* de Lois Dubin, un excellent ouvrage sur les perles du monde entier. Il relate leur évolution depuis leur plus ancienne trace : un site funéraire français datant de 38.000 av. J.-C., où l'on a retrouvé des perles façonnées dans des matériaux naturels comme le coquillage et l'os, à des fins ornementales.

L'ouvrage retrace en outre le développement de la fabrication des perles et fournit un tableau très clair sur le mouvement des perles à travers les pays et les continents depuis ces temps les plus reculés.

Le deuxième événement fut une visite de la Collection Arkell du Pitt Rivers Museum à Oxford. A.J. Arkell vécut et travailla au Soudan anglo-égyptien des années vingt au début des années cinquante. Il constitua une collection illustrant le mouvement des perles en Afrique pendant cette période de trente ans, donnant toutes sortes d'informations sur le prix, le symbolisme et la spécificité de chaque type de perles. Sa collection met également en lumière les premiers liens établis entre l'Inde et l'Afrique par le biais du commerce des perles. Tous ces détails relatifs à l'importance culturelle et économique des perles m'ont fascinée : les perles n'étaient désormais plus de simples objets, associés à l'enfance ou à la bijouterie de pacotille, mais de véritables repères dans l'histoire sociale et économique mondiale.

Il existe un musée des perles aux États-Unis, actuellement transféré à Washington DC, riche d'une belle collection. De même, des sociétés de perles se sont développées aux quatre coins du monde, rassemblant des collectionneurs, des marchands et des

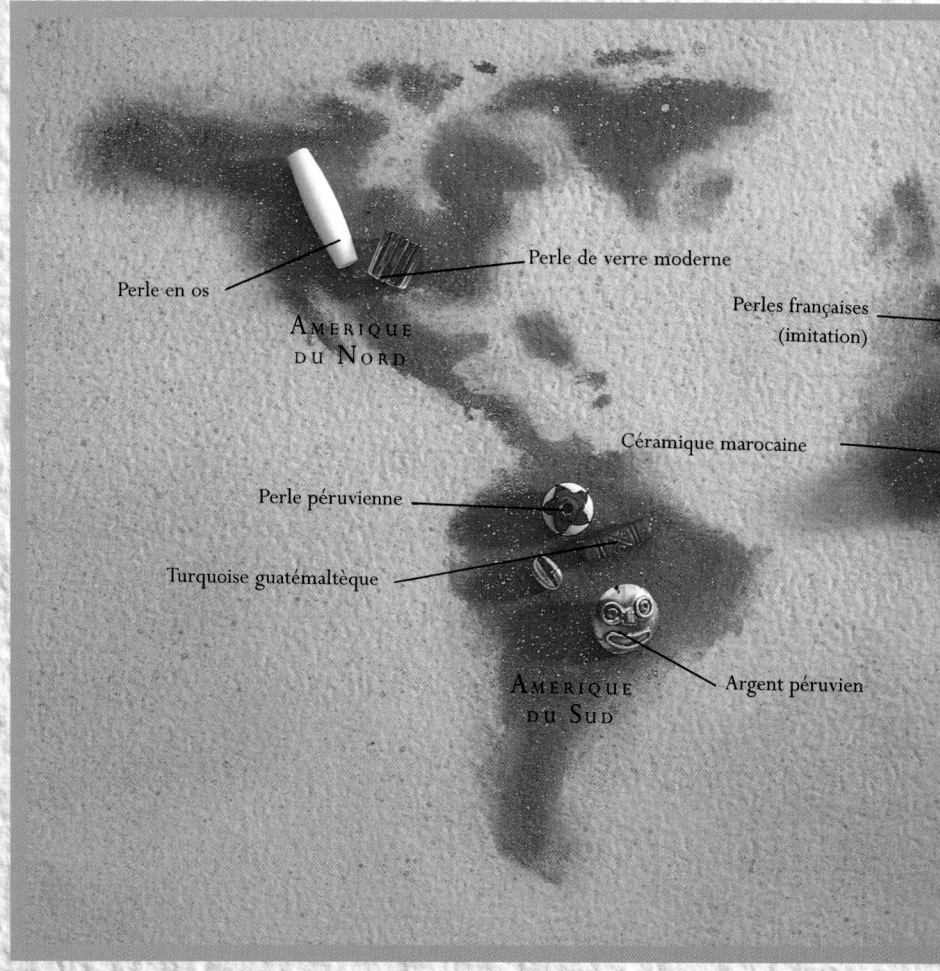

Perle en os
Perle de verre moderne
Perles françaises (imitation)
AMÉRIQUE DU NORD
Céramique marocaine
Perle péruvienne
Turquoise guatémaltèque
AMÉRIQUE DU SUD
Argent péruvien

artistes. Le marché des perles, de détail ou de gros, est devenu une affaire de grande envergure, et l'époque est loin où je distribuais des kilos de perles depuis ma chambre ou mon bureau.

Des experts de tous les pays se sont également penchés sur l'origine des perles et complètent le travail des collectionneurs comme Horace Beck, Van der Sleen et Arkell. Enfin, la publication d'ouvrages spécialisés ou généraux augmente, reflétant ainsi l'intérêt croissant du public pour les perles.

Cet ouvrage a pour objet de regrouper les perles par zones géographiques et de les situer dans leur contexte historique lorsque cela s'avère possible naturellement.

Les bijoux présentés ont été créés en fonction de deux critères : le secteur géographique originairement associé aux perles, ou bien les influences ethniques auxquelles on les assimile. Ainsi, bien que les Perles de mariage (p. 124) aient été fabriquées en ex-Tchécoslovaquie, elles sont néanmoins destinées au marché africain et figurent donc dans la section africaine. De même, les rocailles utilisées pour le Bracelet indien (p. 38) sont vraisemblablement d'origine japonaise, mais le bijou est indubitablement d'inspiration amérindienne.

En quelques rares occasions, nous avons dû outrepasser les limites que nous nous étions fixées, comme pour le tour de cou d'influence orientale (p. 70), mais, après tout, les perles ont beaucoup voyagé !

Les motifs choisis intègrent une grande variété de techniques et de styles, de façon à montrer à la fois les perles et leur utilisation potentielle. La grande majorité des perles employées dans les créations de cet ouvrage sont disponibles chez la plupart des fournisseurs occidentaux. Un ou deux colliers, toutefois, comme celui en terre à modeler synthétique (p. 94), sont purement subjectifs et destinés à vous inciter à fabriquer vos propres perles. Les instructions n'ont pas pour but de vous dire exactement ce qu'il faut faire, mais plutôt de vous guider tout en vous laissant à votre imagination, en fonction de vos goûts ainsi que des perles et des accessoires en votre possession.

Très peu de règles régissent le travail des perles. Il convient de s'assurer que les fils que vous utilisez sont suffisamment solides et d'éviter tout dépôt de colle sur les perles de valeur. Certains bijoutiers vous déconseilleront l'utilisation du fil de Nylon ; d'autres l'emploieront avec bonheur. On peut utiliser le métier à tisser en plaçant les perles par-dessus les fils de chaîne et en tissant par en dessous, ou vice versa. C'est à vous de décider quelle méthode vous sied le mieux.

Le plaisir que procure le travail des perles ne vous laissera pas indifférent, et je souhaite que chacun d'entre vous y découvre une source inépuisable d'inspiration et de satisfaction.

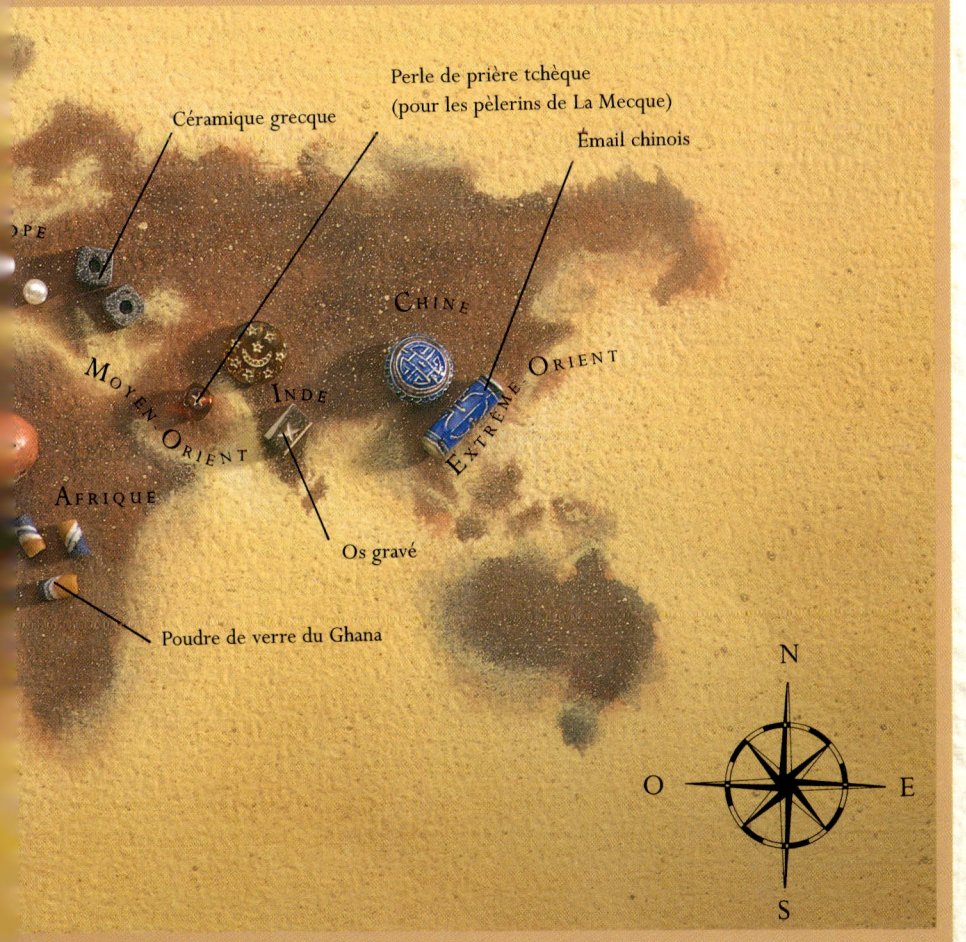

Guide d'utilisation

Vous trouverez dans ces pages plus de quarante créations, la plupart réalisables avec ce seul livre pour appui. Les motifs étant plus ou moins compliqués, le paragraphe d'introduction de chaque exemple donne une idée de la difficulté du travail, de façon que vous puissiez faire votre choix en fonction de vos capacités. Certains bijoux présentés sont des pièces uniques, dont vous pourrez vous inspirer plutôt que les reproduire exactement. Enfin, tous les bijoux sont susceptibles d'être adaptés à vos goûts ou à vos ressources, qui peuvent différer de ceux de cet ouvrage.

Chaque double page contient toutes les indications nécessaires. Il peut s'agir d'un simple collier ou d'un tour de cou, ou d'un ensemble de bijoux avec boucles d'oreilles et bracelet assortis. Libre à vous de les réaliser tous ou de ne choisir qu'un élément. En fonction des techniques et du matériel utilisés pour chaque exemple, le texte vous renverra à la rubrique appropriée du chapitre Techniques, en début d'ouvrage.

Des dessins clairs et simples illustrent les techniques employées pour le travail des perles. Ils montrent également comme utiliser les outils mentionnés.

Un texte facile à suivre complète les illustrations et donne toutes les options possibles pour varier les techniques.

Une liste du matériel nécessaire pour la réalisation de chaque bijou accompagne les explications.

Le texte d'introduction fournit des indications sur l'origine et l'histoire des perles présentées.

Des flèches indiquent avec précision la partie de l'objet traitée par le texte.

Une photographie couleur complète de chaque bijou ou ensemble de bijoux montre le résultat final.

Des échantillons de perles sont présentés afin de vous aider à mieux les choisir, mais vous pouvez sélectionner des variétés différentes selon vos goûts.

Des informations sur l'histoire et les variétés des perles, ainsi que sur leur fabrication, sont données pour chaque secteur géographique.

Des échantillons de perles et de bijoux de chaque région reflètent l'inspiration de la plupart des créations présentées.

Chaque chapitre correspond à une région du monde.

Des légendes numérotées donnent des explications claires et concises pour chaque phase de la réalisation.

Si le projet est un ensemble de bijoux, le matériel nécessaire à la réalisation de chaque élément est présenté séparément.

Outils et matériel

La plupart des articles qui figurent sur cette double page sont disponibles dans les boutiques d'artisanat et de bricolage. Assurez-vous de ne pas les utiliser à d'autres fins que la bijouterie.

Brucelles
Les brucelles à bouts acérés servent pour les travaux minutieux, mais également pour réparer les erreurs.

Pinces coupantes et lime
Si vous travaillez avec du fil métallique, une petite pince coupante et une lime légère seront nécessaires.

Lime

Brucelles

Pince à becs plats

Pince à becs ronds

Pince à becs ronds

Pince coupante

Pinces
Les pinces forment l'outillage le plus important lorsqu'on travaille avec du fil métallique, notamment les pinces à becs ronds. Les avis divergent quant aux différents types de pinces à utiliser avec les perles de serrage, les calottes ou autres accessoires. Certains bijoutiers utilisent des pinces plates, d'autres des pinces rondes. Nous les désignerons sous le terme de pinces de bijoutier, en vous laissant le choix. Sachez toutefois qu'il est plus facile de manier les pinces à becs courts.

Aiguilles
Les aiguilles solides servent à faire les nœuds, les aiguilles plus fines s'utilisent pour le tissage des perles et les aiguilles à perles viennent en complément du métier à tisser.

OUTILS ET MATÉRIEL 11

Fil polyester fin

Fil polyester épais

Métier à tisser
Il est recommandé d'utiliser un métier en bois plutôt qu'en métal, ce dernier offrant trop de résistance.

Fils
Les bijoutiers utilisent différentes sortes de fil, en fonction des variétés de perles. En voici quelques-uns, disponibles dans le commerce, mais il en existe bien d'autres.

Le fil de nylon (fil de pêche) est très facile à trouver, peu cher et maniable. On peut le bloquer avec des perles de serrage ou en le nouant sous des cache-nœuds. Comme il est susceptible de rétrécir, mieux vaut en laisser quelques millimètres à chaque extrémité.

Les fils polyester sont également très solides et disponibles dans divers calibres. Les plus fins sont idéaux pour le tissage et l'enfilage (il existe également des fils « invisibles » pour le tissage). Les plus épais sont souvent cirés car ils sont alors plus souples. On peut les utiliser avec des perles de serrage et des cache-nœuds, ou en faire des nœuds décoratifs.

D'autres fils, du fil de soie au cordon de cuir, en passant par le fil de lin, s'emploient de mille et une façons. Il est essentiel de bien penser aux perles que vous voulez utiliser et à l'effet que vous souhaitez rendre.

La crinelle est un fil d'acier gainé de Nylon, disponible en plusieurs calibres. Elle est à la fois solide et souple et se bloque avec des perles de serrage. Il faut néanmoins l'utiliser avec précaution car les nœuds peuvent la fragiliser, voire la briser.

Autre matériel
Les bijoux les plus complexes de cet ouvrage exigent d'autres fournitures, détaillées dans la liste de matériel. Les fournitures ordinaires comme la colle et les ciseaux y figurent également. Enfin, n'oubliez pas que le travail des perles peut se faire à peu près partout, à condition d'être bien éclairé. Rien n'est plus décourageant que de découvrir des erreurs faites en travaillant sous une mauvaise lumière.

Outils et matériel

Les articles qui figurent ici formeront la base de votre travail. Un bon catalogue de perles comprend plusieurs pages de perles de serrage, calottes, attaches de boucles d'oreilles, épingles à œillet, fermoirs, barrettes, pour n'en citer que quelques-uns. Nous avons illustré les plus communs d'entre eux afin de vous aider à les sélectionner. La plupart des accessoires sont disponibles en plusieurs finitions – argenté, doré – ou en or et argent véritables. Les couleurs sont une affaire de goût personnel, mais il faut rester attentif à la pureté des métaux utilisés, notamment pour les boucles d'oreilles. Le nickel est banni par la plupart des fabricants et fournisseurs à cause des allergies qu'il peut provoquer. Veillez donc à ne pas l'utiliser. Vous pouvez expérimenter différents accessoires, comme l'ont fait nos bijoutiers, et utiliser des fermoirs insolites issus d'anciens colliers.

Les techniques les plus simples, comme celle des pendants d'oreilles droits (voir Fil métallique p. 16), utilisent des accessoires tout prêts tels que les épingles à tête ou à œillet. En vous familiarisant avec le travail des perles, vous pourrez également découvrir l'utilité du fil métallique de bijoutier, disponible en plusieurs calibres et finitions (laiton ou argent). Là encore, c'est en expérimentant les diverses qualités de fil métallique que vous pourrez accroître la variété de vos réalisations.

Nous verrons comment utiliser les principaux éléments dans le chapitre Techniques, mais les articles de cette double page viendront compléter les accessoires les plus communs.

Les CALOTTES sont des embouts décoratifs de chaque côté d'une perle.

Les CALOTTES EN FORME DE CLOCHE s'utilisent dans la finition d'un collier à plusieurs rangs, pour cacher les extrémités.

Les ANNEAUX À RESSORT sont des fermoirs, utilisés avec un anneau de liaison.

Les MONTURES DE BROCHE sont décorées de perles collées.

Les BARRETTES DE BROCHE sont ornées de perles fixées avec du fil métallique.

Les ŒILLETS À CALOTTE cachent les nœuds à l'extrémité d'un collier ou d'une broche et servent à attacher le fermoir. On les appelle aussi cache-nœuds.

EMBOUTS À LACET (de coton ou de cuir)

Il existe une grande variété de fermoirs pour colliers et bracelets, notamment les FERMOIRS À VIS, FERMOIRS À CLIQUET et FERMOIRS MENOTTES.

Les EMBOUTS CONIQUES dissimulent les extrémités des colliers à plusieurs rangs.

Les ATTACHES DE BOUCLE D'OREILLE sont employées pour fixer la partie décorative de la boucle d'oreille au lobe. Il en existe plusieurs sortes : tige avec poussette, crochets ouverts ou fermés pour les oreilles percées ; clips et attaches à vis pour les oreilles non percées.

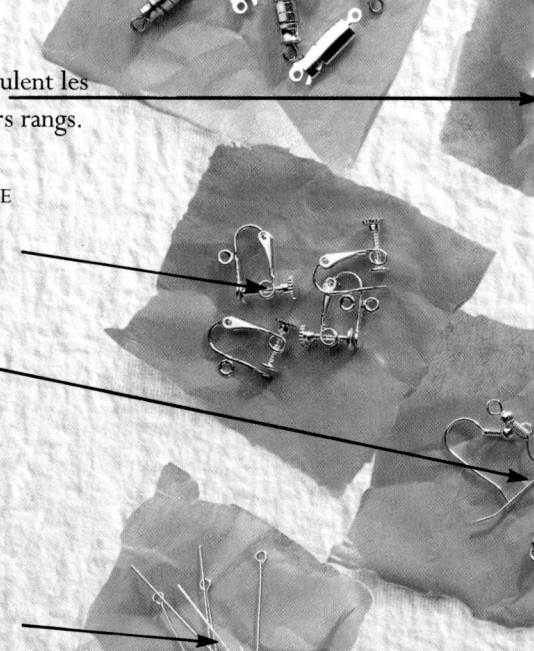

Les ÉPINGLES À ŒILLET possèdent une boucle déjà formée à une extrémité et s'utilisent pour les pendants d'oreilles droits.

Outils et matériel

Les PERLES DE SERRAGE sont de petits cercles de métal que l'on peut écraser sur le fil pour attacher un fermoir.

Un FIL DE FER EN SPIRALE sert à protéger le fil à l'endroit où le fermoir est attaché.

Souvent très décoratifs, les PENDENTIFS possèdent un ou plusieurs œillets ; ils viennent terminer les colliers à plusieurs rangs ou constituent de jolis pendants de boucles d'oreilles.

Les ÉPINGLES À CHAPEAU se terminent par une pointe très effilée, protégée par un embout approprié.

Les ÉPINGLES À TÊTE sont aussi utilisées pour les pendants d'oreilles ; leur tête plate retient les perles.

Il existe toutes sortes de crochets décoratifs à utiliser en fermoirs, notamment des CROCHETS À ŒILLET.

Les ANNEAUX DE LIAISON, ou MAILLES, sont des cercles métalliques ouverts. On les utilise entre autres à l'extrémité des colliers pour les fixer à un anneau à ressort. Leur emploi est très varié.

Les MONTURES À TAMIS servent pour les broches, les boucles d'oreilles ou en motif central de collier.

Les ANNEAUX BRISÉS sont des anneaux métalliques doubles, plus sûrs.

Les BARRETTES séparent les rangs de perles d'un collier, d'un tour de cou ou d'une broche. On les utilise pour confectionner des boucles d'oreilles élaborées.

Les EMBOUTS RESSORT s'utilisent sur les lacets de cuir pour attacher le fermoir.

Les BÉLIÈRES métalliques servent généralement à fabriquer des pendentifs ou des boucles d'oreilles.

Les « HUIT » en métal sont employés pour suspendre des éléments.

Techniques

Les réalisations présentées dans cet ouvrage sont l'œuvre de plusieurs bijoutiers et ont été élaborées selon diverses techniques, que ce chapitre va expliquer dans le détail. Lorsque vous aurez maîtrisé ces méthodes, vous pourrez les utiliser dans diverses situations et avec les matériaux de votre choix pour créer vos propres bijoux.

Finition

Il existe de nombreuses façons de terminer un collier ou un bracelet, ou encore des sections de travail intégrées à un bijou élaboré.

Perles de serrage

On les utilise sur toutes sortes de support, notamment le fil de Nylon, la crinelle, le fil métallique et les lacets de coton. Les perles de serrage sont disponibles en plusieurs tailles, mais la plupart des fournisseurs les vendent pour la crinelle ou le fil de Nylon. Ces perles peuvent maintenir deux rangs ensemble à l'intérieur d'un collier à rangs multiples, par simple pression des pinces. Pour fixer un fermoir, enfilez deux perles de serrage, faites passer le fil dans l'œillet du fermoir puis refaites-le passer dans les deux perles. Écrasez-les fermement avec une pince en laissant une petite boucle près du fermoir pour plus de souplesse. Coupez le fil qui dépasse. Vous pouvez aussi former une boucle à l'extrémité du fil de la même façon, mais sans ajouter de fermoir ; passez une aiguille dans la boucle pour vous aider.

Calottes et embouts coniques

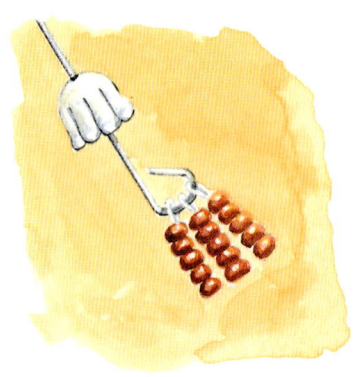

L'un et l'autre s'utilisent sur les colliers et bracelets à rangs multiples.

Terminez les rangs par une perle de serrage et une boucle (voir ci-contre). Joignez les boucles à l'aide d'un autre fil en boucle ou d'un fil métallique, et couvrez-les d'une calotte ou d'un embout conique pour dissimuler les extrémités.

FINITION

Nœuds

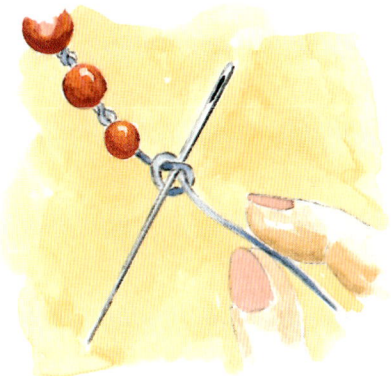

Nœuds simples, utilisés en bout de rang (comme dans le collier p. 86) : avant de resserrer le nœud, insérez une aiguille à l'intérieur et tirez le nœud le plus près possible des perles, de façon à les maintenir bien serrées. Les nœuds entre les perles se réalisent de la même façon.

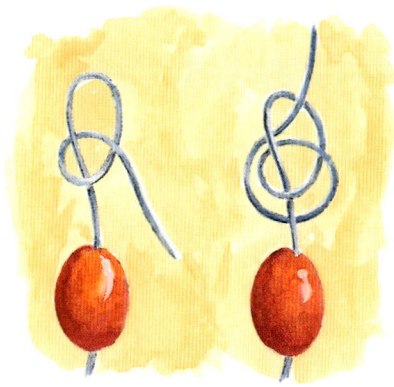

Il est prudent de faire des doubles nœuds pour les perles à trou large, ou simplement pour plus de sûrcté. Passez le fil deux fois dans la boucle autour de votre doigt, insérez une aiguille dans le nœud et tirez-le vers les perles (voir ci-dessus). Ajoutez un point de colle transparente sur le nœud final mais n'en mettez surtout pas sur les perles.

Nœuds de finition

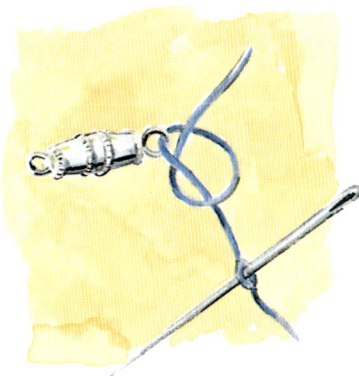

Si vous souhaitez fixer un fermoir directement sur le fil, ou tout simplement mettre les perles en valeur, procédez de la façon suivante :

1 Faites un nœud simple à 5 cm environ de l'extrémité du fil (ou plus, si vous voulez faire plusieurs nœuds), et insérez-y une aiguille.

2 Fixez le fermoir à l'aide d'un autre nœud, en laissant de l'espace entre les deux pour faire d'autres nœuds.

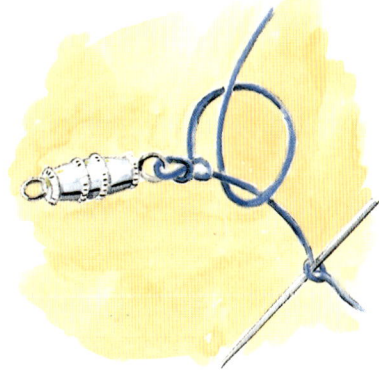

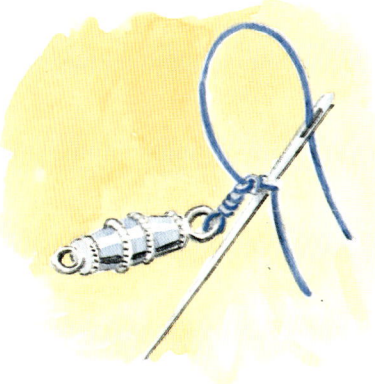

3 Faites les autres nœuds puis glissez le fil dans l'aiguille laissée en attente et tirez l'aiguille dans le premier nœud, pour plus de solidité. Vous pouvez ajouter un point de colle, mais évitez d'en mettre sur les perles.

Cache-nœuds

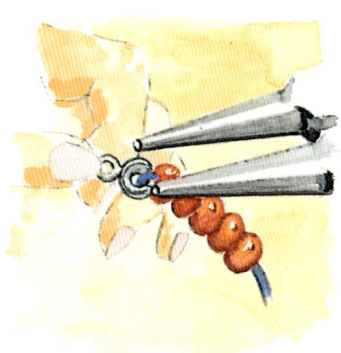

Les cache-nœuds s'emploient pour attacher les fermoirs. Nouez une extrémité du fil ou deux fils ensemble, en tirant le nœud contre les perles (voir page précédente). Refermez doucement, mais fermement, le cache-nœud sur le nœud. Veillez à ne pas abîmer les fils en pressant trop fort. Ouvrez le fermoir pour le passer dans l'œillet du cache-nœud et coupez le fil qui dépasse. Vous pouvez nouer de même du fil de Nylon si vous refermez le cache-nœud sur le nœud.

Techniques

Embouts ressort

Ils s'utilisent surtout sur des lacets de coton ou de cuir. Placez-en un à l'extrémité du lacet et écrasez la dernière spirale du ressort avec une pince. Si le cuir est très fin, repliez-le à son extrémité.

Embouts à lacet

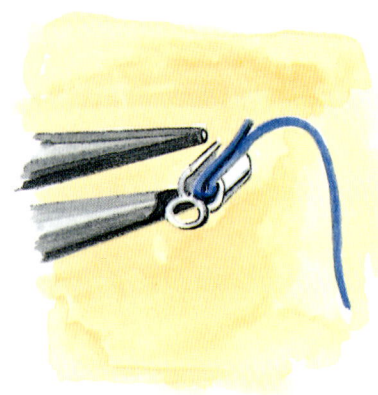

Ces embouts s'appliquent également aux cordonnets de coton ou de cuir. Introduisez l'extrémité repliée du cordon dans l'embout, et écrasez un côté de l'embout avec une pince, puis l'autre par-dessus.

Fil métallique

Pour ces techniques, on utilise des épingles à œillet, des épingles à tête et du fil métallique de bijoutier. Il est important de bien s'entraîner et de noter la longueur de fil utilisé pour chaque bijou, si on désire le reproduire par la suite.
Avant toute chose, deux principes sont à retenir. Tout d'abord, lorsque vous « fatiguez » une épingle à œillet avec une pince et que vous sentez que le métal a perdu de sa souplesse, n'ayez pas d'état d'âme : jetez l'épingle et prenez-en une autre. Par ailleurs, pour couper le fil métallique, utilisez une pince coupante ou une pince dotée d'une lame coupante. Vous pouvez aussi le « fatiguer » : saisissez-le entre les becs de la pince et imprimez-lui un mouvement de va-et-vient jusqu'à ce que le fil cède d'un coup.

Formation d'œillets sur les épingles

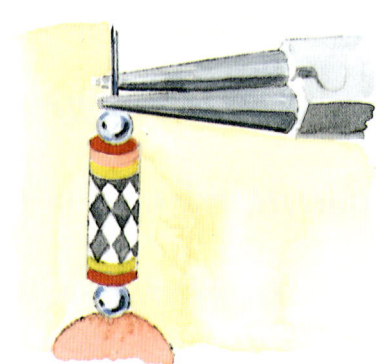

1 Pour réaliser des pendants d'oreilles ou des pendentifs droits, enfilez les perles sur l'épingle et laissez 8 mm environ de tige après la dernière perle. Avec une pince, repliez le bout de l'épingle vers vous en formant un angle de 45°.

2 Déplacez la pince au bout de l'épingle et recourbez le fil autour du bec en le repoussant. Si vous ne parvenez pas à former une boucle en une seule fois, repositionnez votre pince et recourbez l'épingle de façon à obtenir un œillet parfait.

Pour réaliser un « huit », formez une boucle identique, mais dans l'autre sens, au-dessus de la première.

Ouverture des œillets

Lorsque vous fixez une attache à des boucles d'oreilles ou reliez deux parties ensemble, ouvrez toujours les œillets de façon latérale. Si vous sentez que le métal est « fatigué », prenez une nouvelle attache ou une autre épingle.

FIL MÉTALLIQUE 17

FABRICATION DES ANNEAUX

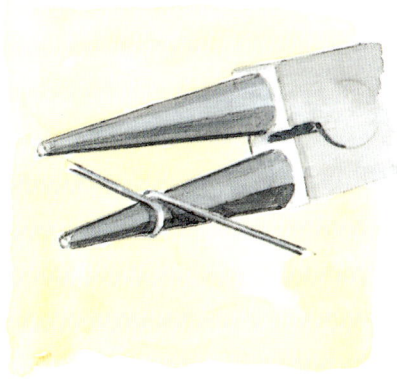

1 Si vous préférez fabriquer vos propres anneaux de liaison, formez une boucle de 8 mm en fil métallique autour de votre pince.

2 Avec une pince coupante, coupez les extrémités du fil là où elles se rejoignent. Pour fabriquer plusieurs anneaux en une seule fois, enroulez le fil métallique autour d'une aiguille à tricoter ou d'un crayon en formant plusieurs cercles, puis coupez les extrémités. Ouvrez les anneaux latéralement.

FABRICATION DES CRÉOLES

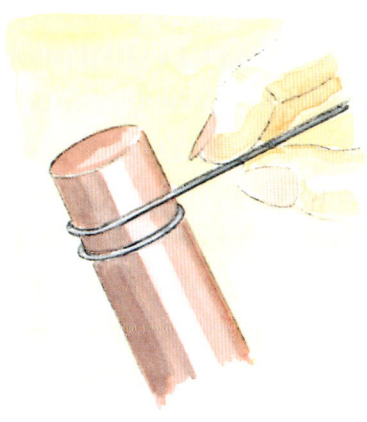

1 Procédez comme pour les anneaux de liaison, en utilisant un objet plus large pour enrouler le fil. Coupez ensuite les extrémités en laissant de la marge des deux côtés.

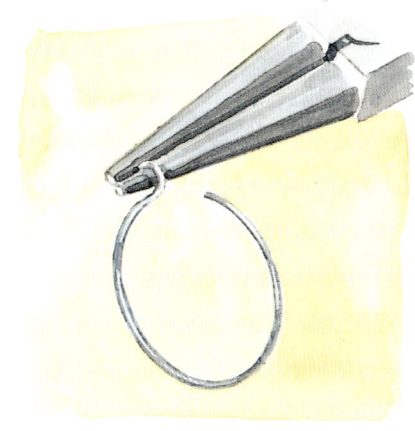

2 Avec une pince, formez une boucle à une extrémité du fil, puis enfilez les perles et terminez par une boucle à l'autre extrémité.

3 Recourbez légèrement les boucles vers le haut de façon qu'elles forment un angle droit avec la créole, et réunissez-les avec un anneau de liaison.

FABRICATION DES CROCHETS

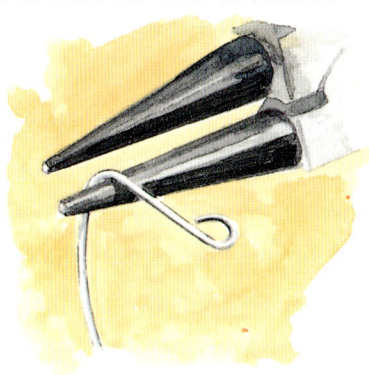

1 Les crochets légers se font avec du fil métallique de 0,8 mm, les plus solides avec du fil de 1,2 mm. Avec la pince coupante, coupez une longueur de fil correspondant à la taille de crochet désirée. Limez une extrémité et terminez-la par une petite boucle.

2 Avec vos doigts, repliez le fil autour de la pince en lui donnant une forme de crochet.

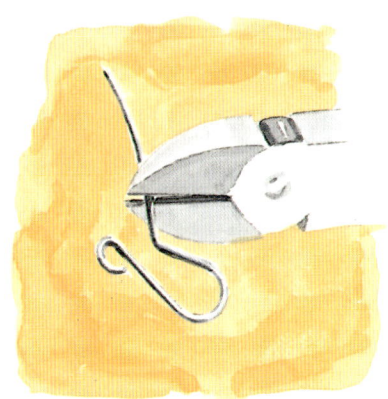

3 Repliez légèrement le fil au niveau de la première boucle, coupez l'extrémité et limez-la.

Techniques

Œillets doubles

1 Choisissez le calibre et la longueur de fil en fonction de la solidité et de la taille des œillets que vous voulez faire. Coupez un morceau de fil et recourbez-en une extrémité. Recourbez le milieu du fil autour de la pince.

2 Recourbez l'autre extrémité du fil comme la première.

Spirales ornementales

1 Prenez du fil de 0,8 mm et coupez-en une longueur de 6 cm environ, en fonction de la taille voulue. Faites une boucle à une extrémité, puis tenez-la à plat entre les becs de la pince. Avec vos doigts, enroulez le fil autour de la boucle.

2 Laissez 8 mm à l'extrémité pour faire un œillet afin de suspendre la spirale. Si la spirale est destinée à être enfilée sur un collier, orientez la boucle à angle droit.

Boucles consolidées

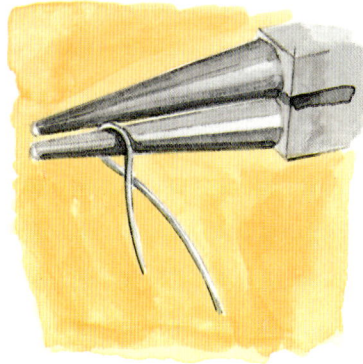

1 Cette technique permet d'allier solidité et ornement. Coupez le fil en laissant une bonne longueur à chaque bout. Formez une boucle à une extrémité, en laissant une queue. Tenez la boucle avec la pince et enroulez la queue uniformément autour du fil, sous la boucle, de façon à former une spirale.

2 Coupez le bout de la queue et resserrez la dernière spirale contre le fil. Enfilez les perles et répétez l'opération de l'autre côté.

Boucle de suspension

1 Vous aurez peut-être envie d'incorporer dans votre collier un objet sans œillet approprié – un anneau en pierre semi-précieuse, par exemple. Pour cela, coupez une bonne longueur de fil métallique et passez-le à travers l'objet en laissant un côté plus long que l'autre.

TISSAGE DES PERLES

2 Recourbez le côté le plus court en une boucle, pas trop près de l'anneau. Avec vos doigts, enroulez le côté le plus long sous la boucle, là où les deux fils se rejoignent. Coupez l'extrémité et resserrez bien la dernière spirale. Dans certains bijoux, on peut passer le fil plusieurs fois dans l'anneau avant de faire la boucle, ce qui permet d'ajouter des décorations supplémentaires.

TISSAGE DES PERLES

Le tissage des perles est une méthode plus complexe, qui requiert généralement l'emploi de petites perles, comme les rocailles et les tubes en verre. Toutefois, certaines techniques simples conviennent également aux perles de plus grande taille, comme dans la ceinture en argent de Thaïlande, page 100.

TISSAGE SIMPLE

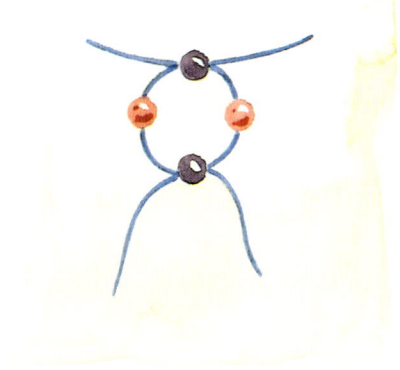

1 Travaillez avec deux longueurs de fil, en utilisant des aiguilles pour enfiler les perles. Enfilez quelques perles sur chaque fil, puis enfilez une perle sur les deux fils à la fois, de façon que les fils se croisent à l'intérieur de la perle.

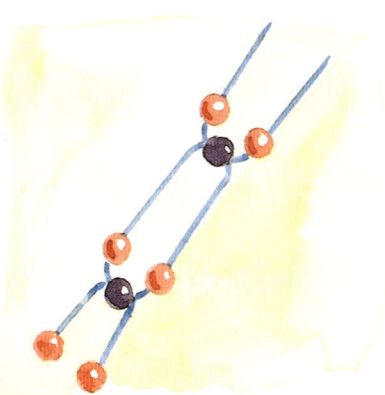

2 Ajoutez une autre perle sur chaque fil, séparément, puis enfilez de nouveau une perle sur les deux fils.

3 Continuez ainsi jusqu'à ce que vous obteniez la longueur voulue.

Techniques

Tissage d'une bande

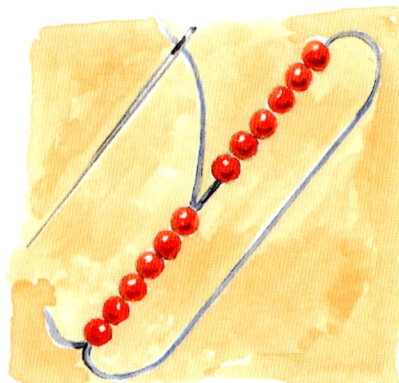

1 Pour réaliser une bande en rocailles (ou en tubes), enfilez sur le premier rang le double du nombre de perles voulu pour la largeur du bracelet. Refaites passer le fil à travers la moitié des rocailles.

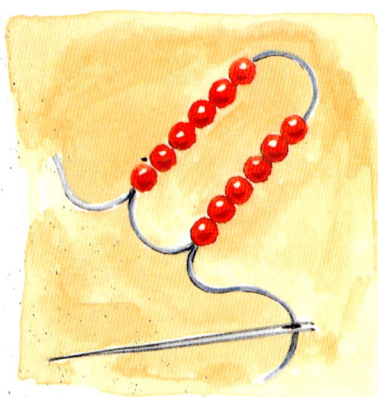

2 Repoussez les perles de la deuxième moitié de façon à obtenir deux rangs de rocailles côte à côte.

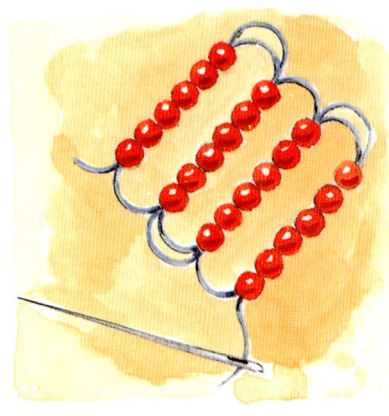

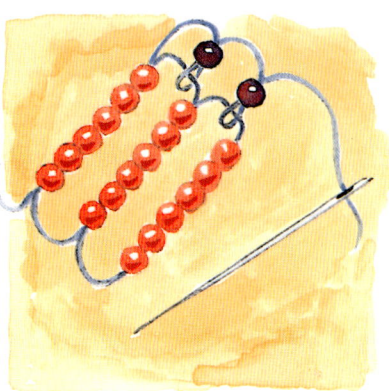

2 Enfilez une nouvelle rocaille et continuez ainsi à travailler entre les rangs. On peut ajouter d'autres rangs de rocailles de la même façon.

3 Depuis le bas du deuxième rang, enfilez une nouvelle série de rocailles, puis refaites passer le fil dans le deuxième rang. Repassez dans le troisième rang et rajoutez des perles pour le rang suivant. Continuez ainsi en travaillant chaque fois avec le rang précédent.

Tissage complexe

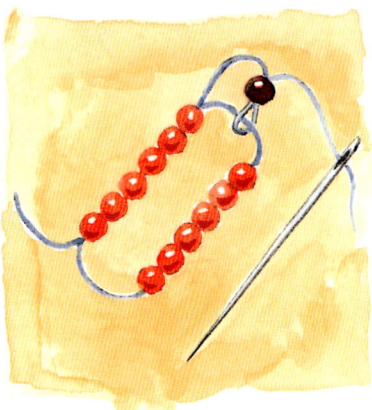

1 Pour ajouter un rang supplémentaire de perles à votre bande tissée, faites passer le fil dans un rang de rocailles et enfilez une nouvelle rocaille. Ramenez l'aiguille vers vous, puis sous le fil qui relie les deux rangs de rocailles, et refaites-la passer par la rocaille ajoutée.

Franges et pendants

Pour réaliser une frange, enfilez les perles que vous voulez suspendre et utilisez la dernière perle (en bas) pour les retenir. Repassez l'aiguille dans l'enfilade de perles à l'exception de celle du bas, qui les retient. Pour plus de fantaisie, vous pouvez rajouter un petit groupe de perles au bas de la frange.

Métier à tisser

Montage du métier

1 Coupez des fils de chaîne de 20 à 25 cm plus longs que l'objet à tisser. Il faut compter une chaîne de plus que le nombre de rocailles de chaque rang (ou trois de plus si vous utilisez les chaînes extérieures en double, ce qui est recommandé). Lorsque les fils sont coupés, nouez-les à une extrémité et placez le nœud sous le clou du rouleau au bout du métier.

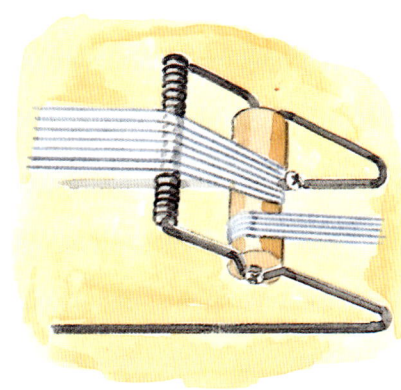

2 Nouez les fils de chaîne au clou de droite et resserrez le papillon en veillant à ce que les fils soient bien tendus avant de commencer.

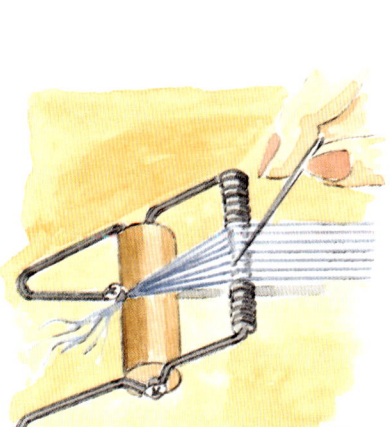

Si vous utilisez de longs fils de chaîne, enroulez la plus grande partie du fil sur le rouleau de gauche. Resserrez bien le papillon et étendez les fils en les logeant dans chaque interstice à l'aide d'une aiguille. Placez-les ensuite sur les interstices correspondants, de l'autre côté du métier.

Tissage sur un métier

1 Nouez une grande longueur de fil à l'un des fils de chaîne extérieurs et tissez-le dans les fils de chaîne pour plus de solidité. Enfilez les rocailles sur l'aiguille et placez-la sous les fils.

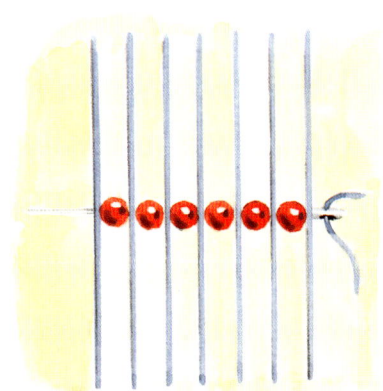

2 Retenez les rocailles avec le doigt, tirez l'aiguille et enfilez-la dans les perles, par-dessus les fils de chaîne. Recommencez pour le rang suivant et continuez ainsi en resserrant bien les rangs de temps à autre. Lorsque vous ajoutez une nouvelle longueur de fil, rentrez le bout qui dépasse dans les rocailles. Terminez en repassant le fil à travers les fils de chaîne.

Techniques

Travail du fil

Nœuds entre les perles

Autrefois, on séparait chaque perle d'un nœud pour les empêcher de frotter les unes contre les autres et limiter les dégâts en cas de rupture du fil. Les fils modernes sont plus solides, mais les nœuds restent très décoratifs et rallongent la longueur du bijou. Si vous utilisez des nœuds, prévoyez beaucoup de fil (au moins deux fois la longueur finale). La quantité de fil nécessaire dépend de la taille des perles et de la complexité des nœuds (voir p. 15). Nous vous présentons ici quelques méthodes, mais il en existe d'autres. Utilisez une aiguille solide pour placer vos nœuds correctement, comme cela est montré page 15.

Nœuds de feston

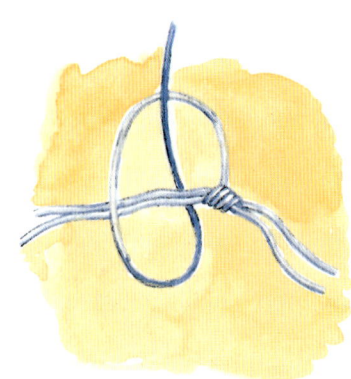

On les utilise pour nouer les fils d'un collier à rangs multiples, ou avec d'autres nœuds pour former une bride. Nouez un nouveau fil sur le fil de travail, formez une boucle, passez-y l'extrémité du fil et serrez fort. Répétez l'opération autant de fois que nécessaire.

Demi-nœuds

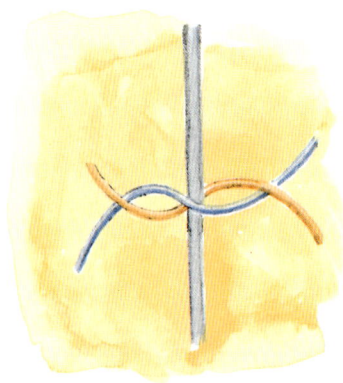

Ces nœuds de macramé conviennent parfaitement pour terminer les colliers à rangs multiples ; vous pouvez utiliser les fils porteurs du collier ou ajouter d'autres fils. Il vous faudra deux fils de travail, ainsi qu'un ou plusieurs fils porteurs. Procédez comme suit : passez le fil de gauche sous le(s) fil(s) porteur(s) et par-dessus le fil de droite ; passez ensuite le fil de droite par-dessus le(s) fil(s) porteur(s) et sous le fil de gauche. Continuez ainsi et les nœuds formeront automatiquement une spirale.

Nœud simple

Ce nœud s'utilise au-dessus des perles dans le pendentif en macramé, voir page 98.

Nœuds plats

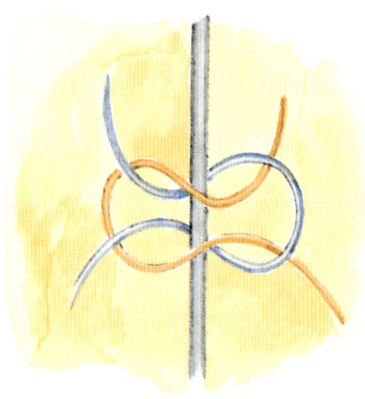

Ces nœuds ressemblent aux demi-nœuds, mais restent plats. Il vous faut deux fils de travail et un (ou plus) fil porteur. Commencez en passant le fil de gauche sous le fil porteur puis par-dessus le fil de droite ; puis passez le fil de droite par-dessus le fil porteur et sous le fil de gauche. Ensuite, inversez le mouvement : passez le fil de gauche par-dessus le fil porteur et sous le fil de droite ; et le fil de droite sous le fil porteur puis par-dessus le fil de gauche. Continuez en alternant ces deux mouvements.

Nœud en tête d'alouette

Ce nœud est idéal pour maintenir plusieurs fils ensemble. Il est utilisé dans le pendentif sur cordelette (p. 44), et sert également à confectionner les glands.

Travail du fil

Demi-clés

Ces quatre nœuds s'emploient dans les travaux de tressage du fil, comme le pendentif en macramé page 98. Chacun se fait en passant un fil par-dessus un autre.

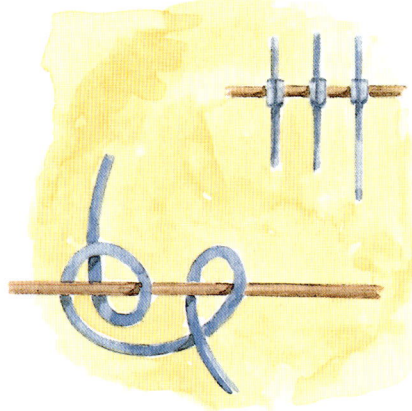

1 Demi-clé, de gauche à droite : le fil vertical forme une boucle à gauche puis une autre à droite dans l'autre sens. Terminez en serrant la boucle.

3 Demi-clé verticale, de gauche à droite : même opération que dans l'étape 1, mais à la verticale.

4 Demi-clé verticale, de droite à gauche : même opération que dans l'étape 2, mais à la verticale.

Tressage

Cette technique est utilisée dans le pendentif de la page 44 (les couleurs et la disposition adoptées ici correspondent à ce modèle). Elle est difficile à maîtriser, mais produit des résultats spectaculaires.

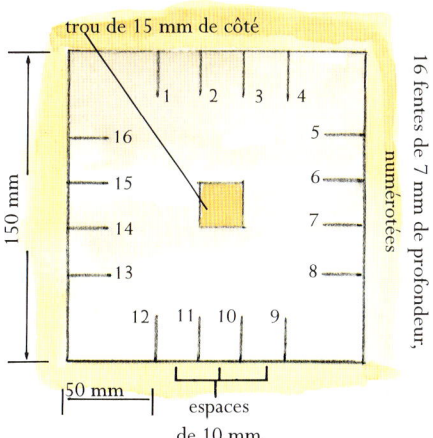

1 Découpez un carré de carton de 15 cm de côté. Faites un trou de 15 mm de côté au milieu. Effectuez quatre fentes de 7 mm sur chaque côté (voir illustration) et numérotez-les.

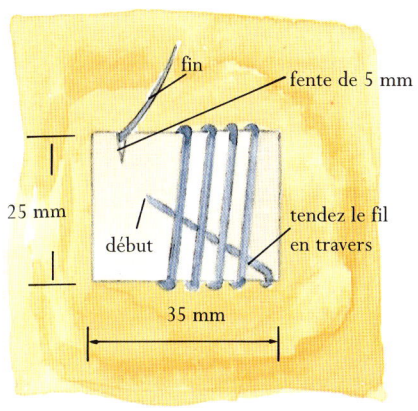

2 Pour tenir les fils tout en tressant, coupez 8 morceaux de carton de 25 x 35 mm. Divisez les fils en 4 groupes égaux et enroulez chaque fil sur ces navettes.

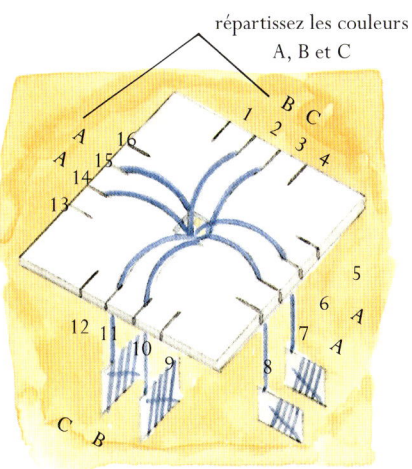

3 Répartissez les fils sur le carton en fonction de leur couleur, selon le modèle. Tressez ensuite les fils comme suit :

Étape 1 2→5, 6→9, 10→13, 14→2
Étape 2 3→16, 15→12, 11→8, 7→3
Étape 3 5→6, 8→7, 9→10, 12→11, 13→14, 16→15

Des ouvrages spécialisés vous permettront d'explorer le sujet plus en détail.

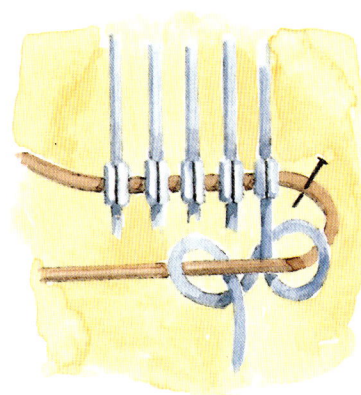

2 Demi-clé, de droite à gauche : même opération que la précédente, mais inversée.

Techniques

Fabrication des glands

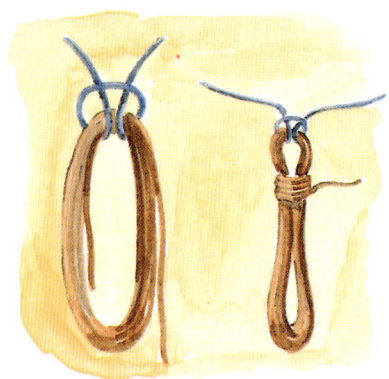

1 Enroulez plusieurs longueurs de fil et attachez-les à l'aide d'un nœud simple ou d'un nœud en tête d'alouette.

2 Resserrez l'extrémité supérieure en enroulant du fil tout autour pour former la tête du gland. Rentrez le fil qui dépasse.

3 Coupez l'autre extrémité des fils pour les séparer.

Cordes torsadées

Cette technique s'applique au collier Envol de phénix (p. 94).

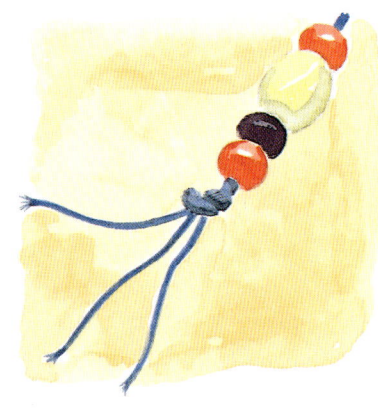

1 Nouez les fils ensemble au bout des perles, puis séparez-les pour former un écheveau.

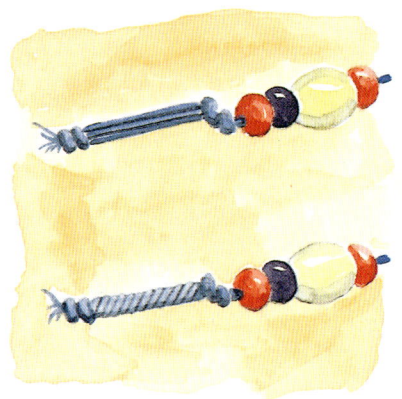

2 Enroulez chaque fil dans le sens des aiguilles d'une montre en prenant soin de ne pas entortiller le reste du collier.

3 Nouez les fils à l'autre bout et laissez la corde ainsi réalisée tourner dans le sens contraire des aiguilles d'une montre.

Terre à modeler synthétique

La terre à modeler synthétique est de plus en plus utilisée dans la fabrication des perles, non seulement par des artistes bijoutiers — qui créent des pièces uniques comme celles de la page 62 — mais également de façon industrielle, dans des pays comme la Grèce et l'Afrique du Sud. Il en existe plusieurs marques, toutes possédant des qualités particulières. Elles peuvent être traitées de la même façon et vous apprendrez vite à reconnaître leur spécificité. Les terres synthétiques étant légèrement toxiques, il est indispensable de se laver les mains après utilisation. Cuisez-les toujours à la température recommandée, ou à une température légèrement inférieure si vous n'êtes pas très sûr de votre four (les bijoux ne s'abîmeront pas si vous les faites cuire un peu plus longtemps). Avant de commencer, assurez-vous que votre plan de travail est propre et veillez à ne pas mélanger les couleurs, à moins que vous ne recherchiez un effet particulier.

Préparation

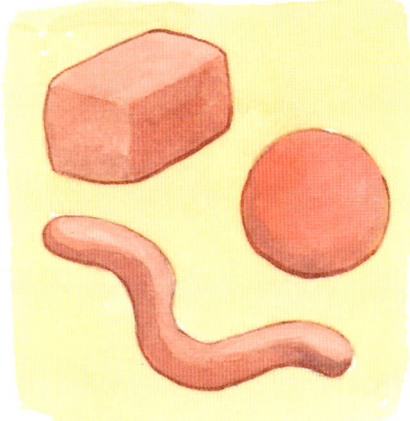

Le secret de la terre à modeler synthétique réside dans sa préparation. Commencez par couper le bloc de terre en cubes, par exemple en quatre quarts. Malaxez la terre avec vos doigts, en pressant bien. Roulez-la en boule entre vos mains puis étendez-la en serpent avant de la rouler de nouveau en boule. Répétez l'opération plusieurs fois jusqu'à ce que vous puissiez travailler la matière sans qu'elle se brise ou s'émiette.

Fabrication des perles

La terre à modeler synthétique s'utilise de plusieurs façons pour créer des perles. Les couleurs peuvent être mélangées pour donner des effets marbrés, ou utilisées en rayures, damiers, pois, etc. On peut aussi former des baguettes, comme le font les verriers pour réaliser leurs motifs « millefiore ». Si cette technique vous intéresse, il vaut mieux consulter un ouvrage spécialisé. Sachez cependant qu'il existe à l'heure actuelle des cannes multicolores prêtes à l'emploi. Si vous voulez mélanger ou marbrer vos couleurs, faites-le avant de préparer les perles. Sinon, roulez la terre en un long cylindre et coupez-la en longueurs égales.

Pressez les baguettes sur les perles et roulez les perles dans vos mains pour leur donner forme.

Pour percer une perle, tenez-la délicatement entre le pouce et l'index et introduisez une broche en son centre, en tournant légèrement. Les perles peuvent être cuites sur des broches au-dessus d'une plaque de four ; espacez-les bien et veillez à ce qu'elles ne touchent pas le four. Les motifs plats peuvent être cuits à plat sur une plaque.

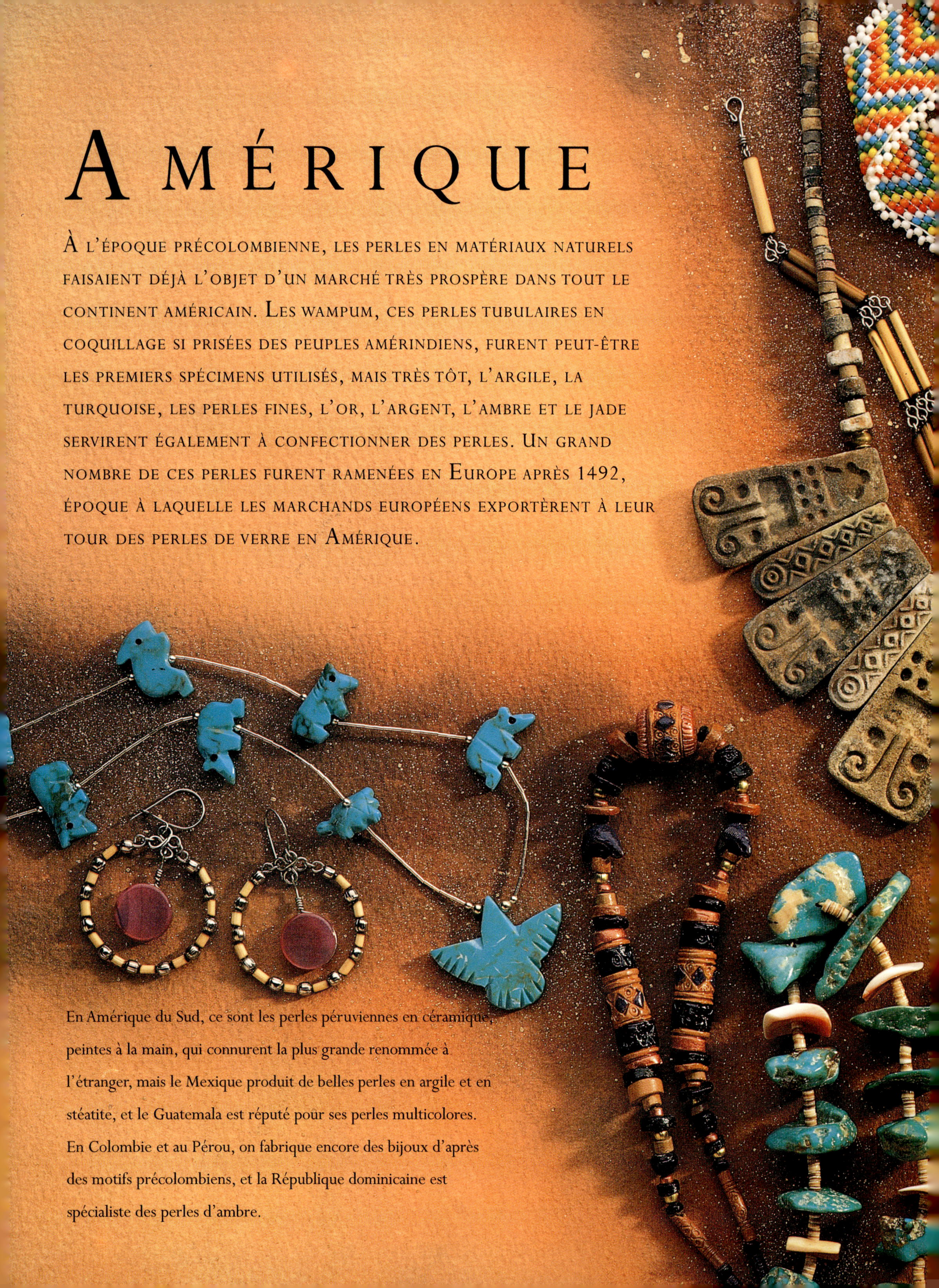

Amérique

À l'époque précolombienne, les perles en matériaux naturels faisaient déjà l'objet d'un marché très prospère dans tout le continent américain. Les wampum, ces perles tubulaires en coquillage si prisées des peuples amérindiens, furent peut-être les premiers spécimens utilisés, mais très tôt, l'argile, la turquoise, les perles fines, l'or, l'argent, l'ambre et le jade servirent également à confectionner des perles. Un grand nombre de ces perles furent ramenées en Europe après 1492, époque à laquelle les marchands européens exportèrent à leur tour des perles de verre en Amérique.

En Amérique du Sud, ce sont les perles péruviennes en céramique, peintes à la main, qui connurent la plus grande renommée à l'étranger, mais le Mexique produit de belles perles en argile et en stéatite, et le Guatemala est réputé pour ses perles multicolores. En Colombie et au Pérou, on fabrique encore des bijoux d'après des motifs précolombiens, et la République dominicaine est spécialiste des perles d'ambre.

L'achat de Manhattan pour une poignée de perles n'est peut-être qu'un mythe, mais les perles n'en occupent pas moins une place non négligeable dans l'économie nord-américaine. Les tribus étaient très sélectives dans leurs échanges et les négociants européens pouvaient se trouver en difficulté s'ils disposaient d'un mauvais lot. Les tissages amérindiens et le travail de l'argent, de la turquoise et de l'os sont très renommés, mais les fabricants américains ont également su se placer à l'avant-garde de la création joaillière.

Inspiration amérindienne

Ces bijoux sont formés de perles modernes mais s'inspirent de motifs amérindiens du sud-ouest des États-Unis, très riches en turquoise. Les perles argentées évoquent le travail de l'argent des Navaho, tandis que les longs tubes blancs imitent les perles en os, abondamment employées dans la joaillerie amérindienne.

Matériel
Pinces de bijoutier
Ciseaux
Aiguille à tricoter, ou autre objet droit et solide
Colle

Tour de cou
(Articles suivants + perles ci-contre)
1,20 m de lacet de coton noir
2 embouts ressort
2 anneaux de liaison de 5 mm
1 fermoir menotte
6 barrettes argentées à 3 trous
1 grande perle ovale argentée à 5 trous

1 Coupez le lacet en trois longueurs égales et enfilez les perles, en commençant par la perle argentée du milieu et en intercalant les barrettes.

2 À chaque extrémité, passez les trois cordons dans la dernière perle cylindrique et nouez-les à l'aide d'une aiguille, pour repousser le nœud contre les perles. Ajoutez un point de colle sur le nœud et coupez deux cordons près du nœud.

3 Ajustez la longueur du cordon et fixez l'embout ressort au bout du cordon. Fixez le fermoir avec un anneau de liaison.

20
perles cylindriques argentées

18
perles en os (imitation)

Inspiration amérindienne

1 Coupez deux cordons de 1 m. Pliez un cordon en deux et fixez un embout ressort sur le pli. Faites un nœud serré juste en dessous et enfilez trois perles en os et quatre perles turquoise sur les deux fils réunis.

2 Nouez le cordon restant de 50 cm aux deux fils et consolidez le nœud avec un point de colle. Enfilez une perle en os sur les trois fils, suivie d'une turquoise.

3 Séparez les fils et enfilez les perles selon le modèle, en intercalant les barrettes.

4 Au niveau de la grande perle centrale, le fil extérieur (droite) longe la perle. Le fil du milieu passe par les trous externes (droite) et rejoint le fil extérieur. Le fil intérieur (gauche) passe par un trou central de la perle, ressort de l'autre côté, passe à travers une perle turquoise et repasse dans la perle centrale.

5 En ressortant de la perle centrale, ce fil se retrouve à l'intérieur (à droite, cette fois-ci). Enfilez les perles et les barrettes.

6 Entamez le second côté, puis nouez les trois fils à l'intérieur de la quatrième perle en os.

7 À présent, travaillez les fils (centre et extérieur) en descendant vers la perle centrale.

8 Faites passer les deux paires de fils dans une perle turquoise, puis une perle en os, de chaque côté. Ensuite, faites passer les quatre fils dans la dernière série de perles. Nouez au bout, avec une aiguille à tricoter. Collez le nœud et coupez les extrémités.

44 PERLES TURQUOISE

12 PERLES EN OS DE 2,5 CM (IMITATION)

8 PERLES ARGENTÉES VARIÉES

Collier
(Articles suivants + perles ci-contre)

2,50 m de lacet de coton noir
2 embouts ressort
2 anneaux de liaison de 5 mm
1 fermoir menotte
4 barrettes
10 perles en os* (6 de 4 cm, 4 de 5,5 cm)
1 perle argentée à 5 trous
2 perles ovales argentées à 1 trou
4 perles argentées (2 rondes, 2 en cône)
1 perle argentée décorative

* imitation

INSPIRATION PRÉCOLOMBIENNE

CES DEUX SUPERBES COLLIERS SE COMPOSENT DE PERLES PÉRUVIENNES ET GUATÉMALTÈQUES PONCTUÉES DE PERLES ARGENTÉES DU PÉROU. LE PREMIER COLLIER ASSOCIE AUX PERLES EN CÉRAMIQUE DES PETITES FIGURINES PÉRUVIENNES, APPELÉES IDOLOS, SYMBOLES DE FERTILITÉ. LE DEUXIÈME COLLIER COMPREND DES PERLES EN PIERRE DE MACHU PICCHU SCULPTÉES À LA MAIN ÉGALEMENT DU PÉROU, ET AGENCÉES SELON UN MODÈLE PRÉCOLOMBIEN RESTÉ INUTILISÉ DEPUIS PLUS DE 500 ANS. ELLES SONT AGRÉMENTÉES DE PERLES ARGENTÉES D'INSPIRATION INCA.

MATÉRIEL
Pince à becs ronds très fins
Pinces de bijoutier
Pince coupante

PREMIER COLLIER
(Articles suivants + perles ci-contre)
20 sections de fil métallique argenté
2 anneaux de liaison de 7 mm
6 anneaux de liaison de 2 mm
1 anneau de liaison de 5 mm
1 crochet en argent
6 calottes argentées
4 « soleils » argent et cuivre
2 petits idolos argentés
9 disques argentés dentés
8 perles ovales vernissées péruviennes
3 perles péruviennes vernissées en côtes de melon
4 perles argentées (2 modèles)
3 perles rondes argentées

1. Tout d'abord, étalez les perles par section et coupez un segment de fil métallique dépassant les perles de 3 cm. Enfilez les perles de la section centrale, sans omettre les calottes. Faites une boucle terminée en spirale (voir FIL MÉTALLIQUE) de chaque côté et insérez 2 anneaux de 2 mm pour relier les autres sections.

2. Réalisez le collier en commençant chaque section par des boucles consolidées, en enfilant les perles selon le modèle et en terminant par une boucle consolidée. Cette section, identique des deux côtés, comporte une petite perle ronde en céramique et une perle en côtes de melon entre deux calottes et deux disques argentés.

3. Les soleils sont incorporés par deux, dos à dos, entre deux sections de perles.

6
CYLINDRES GUATÉMALTÈQUES DE TAILLE CROISSANTE

2
PERLES VERNISSÉES À MOTIF

1
LUNE ARGENTÉE

6
PERLES RONDES GUATÉMALTÈQUES

1
PERLE « POISSON »

1
OISEAU ARGENTÉ

5 Ce côté se termine par un anneau de 2 mm devant l'idolos, un anneau ovale de 5 mm derrière — auquel est suspendue la lune par un anneau de 2 mm —, suivi d'un anneau de 7 mm et du crochet en argent.

4 Terminez par un petit idolos entre deux anneaux de 2 mm, puis par un anneau de 7 mm.

1 Coupez un segment de fil métallique, formez une petite boucle en bas, enfilez une tête puis recourbez le haut du fil.

3 Enfilez les perles sur une crinelle de 70 cm ; terminez par les anneaux de liaison (fixés avec des perles de serrage) et le crochet en argent.

2 Passez un fil métallique plusieurs fois autour de l'anneau en pierre (voir FIL MÉTALLIQUE) en le passant également par la boucle supérieure de la tête.

5 DISQUES EN CUIVRE

37 DISQUES ARGENTÉS UNIS

16 PERLES OVALES EN CÉRAMIQUE

2 PERLES EN PIERRE MACHU PICCHU OBLONGUES

3 TÊTES EN ARGENT

DEUXIÈME COLLIER
(Articles suivants + perles ci-contre)
Crinelle
Fil métallique de bijoutier
1 anneau en pierre Machu Picchu
4 perles en céramique peintes
6 perles rondes en céramique unies
2 perles en pierre Machu Picchu triangulaires
2 perles en pierre Machu Picchu carrées
1 perle en pierre Machu Picchu ronde
1 perle en pierre Machu Picchu rectangulaire plate
10 disques en cuivre
33 disques argentés
2 disques argentés dentés
2 petites perles rondes argentées
2 anneaux de liaison de 7 mm
1 crochet en argent
4 perles de serrage
4 calottes argentées
3 perles rondes argentées
(2 modèles)

Amérique

Jaboncillo et Céramique

Ce ravissant assemblage de perles sud-américaines intègre également quelques petites perles marocaines en argile très sobres. Les jolies perles jaboncillo (stéatite) lustrées, les perles rondes et les poissons en céramique proviennent du Mexique. Les perles carrées en céramique et les petits oiseaux sont fabriqués en Colombie.

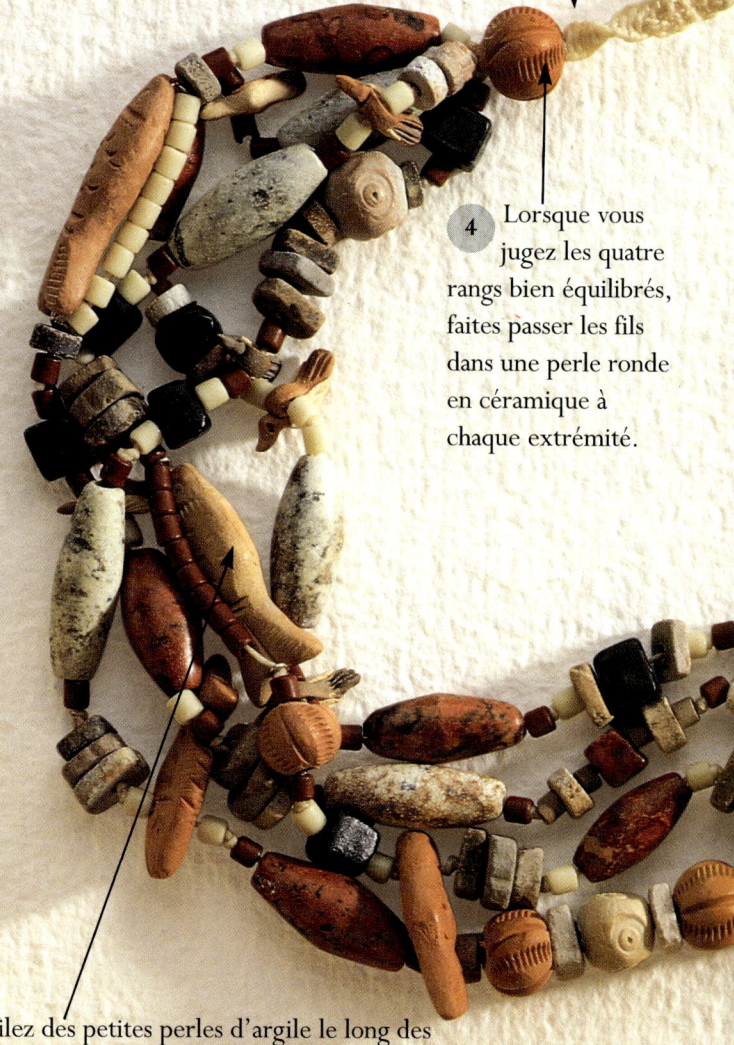

Matériel
Pince à becs ronds
Ciseaux
Aiguille solide
Colle

Collier
(Articles suivants
+ perles ci-contre)
7,50 m de fil naturel ciré
4 épingles à œillet de 50 mm
4 poissons percés latéralement
9 perles rondes en céramique
34 perles carrés en céramique
20 petits disques en céramique

1. Enfilez chaque poisson percé de la queue à la tête sur une épingle à œillet et faites une boucle à l'autre bout.

2. Coupez quatre longueurs de fil de 1 m et enfilez les perles par petits groupes en séparant chaque groupe d'un nœud (voir Finition).

3. Enfilez des petites perles d'argile le long des poissons, en faisant passer la ficelle par leurs œillets.

4. Lorsque vous jugez les quatre rangs bien équilibrés, faites passer les fils dans une perle ronde en céramique à chaque extrémité.

5. Ajoutez à chaque extrémité une longueur de ficelle de 1,50 m, repliée en deux, pour le tressage. Mettez un point de colle à l'endroit où vous attachez la ficelle, pour l'empêcher de tourner.

JABONCILLO ET CÉRAMIQUE 33

7 Utilisez le reste du fil (50 cm) pour réaliser la bride, au nœud de feston (voir Travail du fil), et terminez par des demi-nœuds pour la rattacher à l'extrémité.

6 Tressez les extrémités en faisant d'abord 12 demi-nœuds puis 24 nœuds plats (voir Travail du fil).

8 Enfilez la perle en olive sur deux fils du centre et coupez les deux autres fils du centre. Avec les fils restants, tressez en demi-nœuds jusqu'à la perle en olive, en travaillant par-dessus les extrémités des fils passés dans la perle. Terminez par des nœuds de feston sur les côtés. Travaillez les fils qui passent dans la perle avant de couper les extrémités.

12 OISEAUX COLOMBIENS

14 PERLES CARRÉES JABONCILLO

142 PERLES MAROCAINES EN ARGILE

4 POISSONS PERCÉS DE LA TÊTE À LA QUEUE

22 PERLES OVALES JABONCILLO

Amérique

Plumes d'argent

Cette délicate parure associe tubes argentés, tubes turquoise heishi, turquoises rondes, sphères argentées et petites plumes d'argent. Les rangs du collier offrent une grande légèreté, mais l'effet d'ensemble est spectaculaire, surtout lorsque le collier est porté avec les boucles d'oreilles.

1 Commencez par suspendre les plumes au bout des épingles : trois simples et deux doubles. Ajoutez quelques perles, choisies parmi les sphères argentées, les turquoises et les tubes heishi, et le petit ressort argenté pour l'une d'elles. Coupez les épingles à la hauteur voulue et recourbez-en l'extrémité.

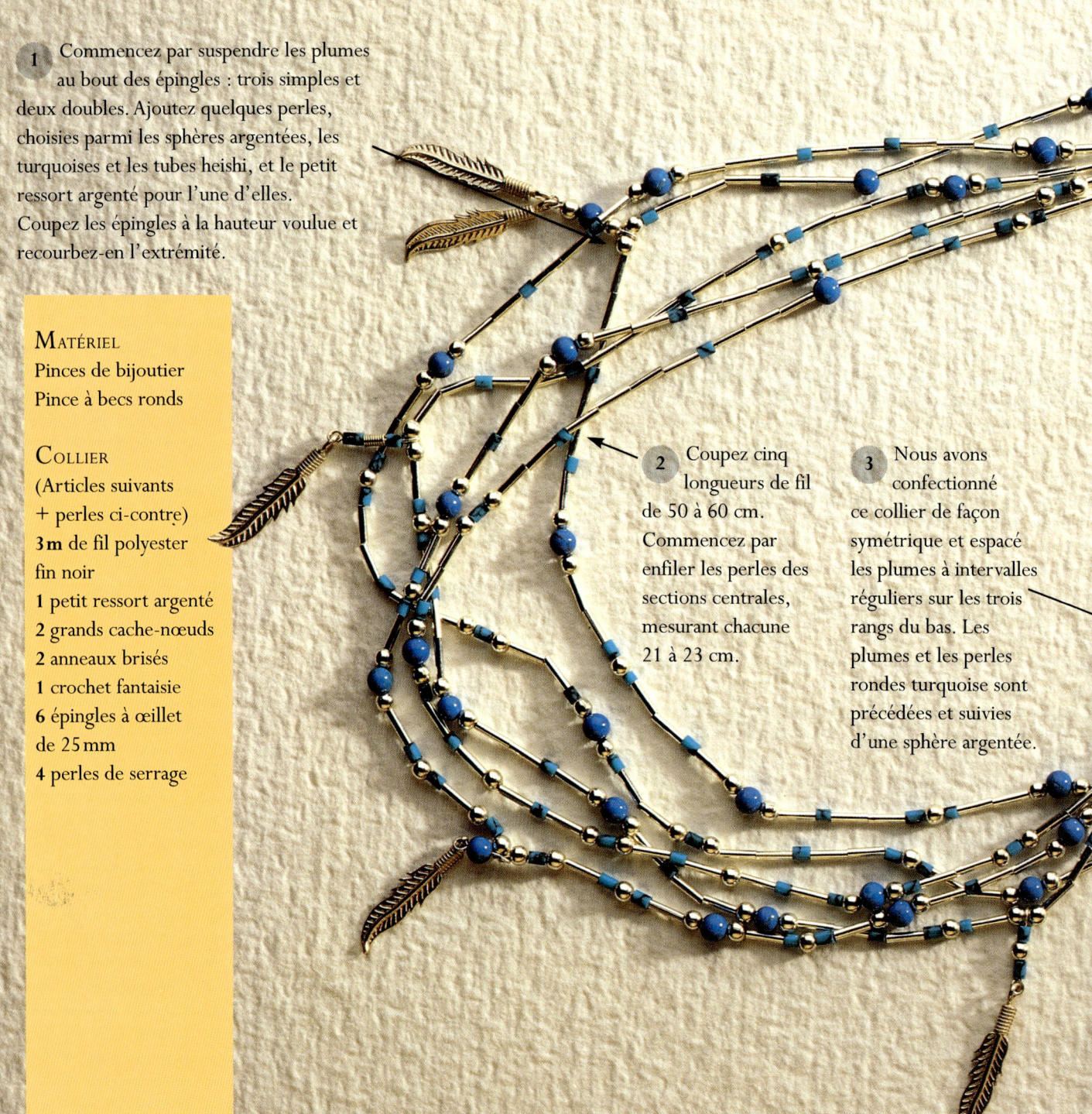

Matériel
Pinces de bijoutier
Pince à becs ronds

Collier
(Articles suivants
+ perles ci-contre)
3 m de fil polyester fin noir
1 petit ressort argenté
2 grands cache-nœuds
2 anneaux brisés
1 crochet fantaisie
6 épingles à œillet de 25 mm
4 perles de serrage

2 Coupez cinq longueurs de fil de 50 à 60 cm. Commencez par enfiler les perles des sections centrales, mesurant chacune 21 à 23 cm.

3 Nous avons confectionné ce collier de façon symétrique et espacé les plumes à intervalles réguliers sur les trois rangs du bas. Les plumes et les perles rondes turquoise sont précédées et suivies d'une sphère argentée.

5 Mettez un anneau brisé à chaque cache-nœud et un crochet en argent sur l'un d'eux. Appuyez fermement sur les côtés du crochet afin qu'il ne glisse pas de l'anneau.

4 Lorsque les rangs sont terminés, fixez des perles de serrage à chaque extrémité du collier (voir FINITION) et recouvrez-les d'un grand cache-nœud. Serrez-le bien, mais veillez à ne pas endommager les fils.

BOUCLES D'OREILLES

1 Pour faire une boucle d'oreille, disposez les perles, sphères et tubes heishi selon votre propre fantaisie sur quatre épingles à œillet de 25 mm, et recourbez les extrémités. Réunissez les quatre épingles et une plume argentée à l'aide d'un anneau de liaison. Terminez en fixant une attache de boucle d'oreille à l'une des épingles.

2 Confectionnez la deuxième boucle d'oreille de la même manière, en inversant toutefois l'ordre des pendants.

32 PERLES TURQUOISE (IMITATION) DE 4 MM

270 PERLES TUBES ARGENTÉES

110 PETITS TUBES TURQUOISE HEISHI

99 SPHÈRES ARGENTÉES DE 3 MM

7 PLUMES ARGENTÉES

BOUCLES D'OREILLES
2 plumes argentées
16 sphères argentées
8 épingles à œillet de 25 mm
2 anneaux de liaison
2 attaches de boucle d'oreille argentées
8 perles turquoise de 4 mm
4 tubes turquoise heishi

Rêve sud-américain

Ce collier à quatre rangs se compose d'une multitude de perles et de breloques d'inspiration inca, le tout logé entre deux embouts coniques. Choisissez quelques petites figurines, des oiseaux en nacre et des perles péruviennes peintes, et laissez libre cours à votre imagination…

Matériel
Pinces de bijoutier
Ciseaux

Collier
(Articles suivants + perles ci-contre)
1,80 m de fil noir épais
30 cm de crinelle
1 soleil en céramique
3 petits soleils en cuivre
1 pendentif inca
2 embouts coniques
1 fermoir
14 perles de serrage
3 « huit » métalliques
8 perles vertes à rayures
116 perles de verre noires de 5 mm
200 rocailles noires, taille 7/0

1. Préparez les petits soleils en les suspendant aux « huit » métalliques.

2. Coupez quatre longueurs de fil de 45 cm pour les rangs principaux et étalez-les sur votre plan de travail. Choisissez et positionnez les perles selon votre goût, en fonction des perles que vous aurez pu trouver.

3. Placez les perles les plus intéressantes à intervalles réguliers et réservez les plus ordinaires pour l'extrémité. Construisez chaque rang de façon symétrique par rapport au centre du collier. Enfilez quatre ou cinq rocailles au bout de chaque rang de façon à ce qu'ils rentrent dans les cônes.

12
PERLES DE VERRE AMBRE À FACETTES

44
PERLES DE VERRE BLEUES À FACETTES

12
OISEAUX EN NACRE

5 Lorsque le résultat vous plaît, faites une petite boucle fixée avec une perle de serrage à chaque bout des quatre fils, en prenant bien garde que les rangs soient serrés, mais pas trop rigides. Coupez les fils qui dépassent.

6 Coupez deux longueurs de crinelle de 15 cm et faites une petite boucle à une extrémité, tenue par une perle de serrage. De chaque côté, passez la crinelle dans les quatre boucles des rangs de perles et repassez-la dans sa propre boucle, de façon qu'elle soutienne tous les rangs du collier.

7 Enfilez un embout conique de chaque côté et divisez les perles qui vous restent, en gardant deux rocailles pour finir. Insérez le fermoir et fixez le tout avec des perles de serrage (voir FINITION). Coupez les fils.

4 Les rangs doivent être de longueurs légèrement différentes, les plus courts portant les pièces les plus lourdes. Lorsque tous vos rangs sont enfilés, soulevez-les tous ensemble et vérifiez qu'ils tombent bien.

22
PERLES RAYÉES
ORANGE ET BLEU

10
PERLES
ORANGE, RONDES
ET TUBULAIRES

70
ÉCLATS DE TURQUOISE
(IMITATION)

4
PERLES BLEUES
À RAYURES

4
PERLES À MOTIF
BLEUES

2
PERLES
À MOTIF
BRUNES

Amérique

Bracelet indien

Les coloris traditionnels de ce bracelet étaient utilisés par les Indiens Crow du Montana, aux États-Unis. Les Crow réalisaient leurs bijoux en perles sur des métiers à tisser particuliers, faits avec des arcs, qui comprenaient deux pièces de bois ou d'os perforées et attachées aux extrémités afin de soutenir les fils de chaîne. Pour tisser, les Indiens tenaient ces métiers entre leurs genoux. Ce bracelet a également été fabriqué sur un métier à tisser.

10 Attachez un fil à cette extrémité et ajoutez les franges comme vous l'avez fait de l'autre côté, en repassant le fil dans les rangs de perles.

Matériel
Métier à tisser les perles
Aiguilles à perles
Papier à dessin
Ciseaux

Bracelet
(Articles suivants + perles ci-contre)
Fil métallique doré très fin
Fil à tisser rouge double
3 plumes de faisan
4 perles ovales en jaspe

11 Rentrez les fils qui dépassent de ce côté dans l'ouvrage. Conservez-en deux sur lesquels vous enfilerez quelques rocailles, une perle de jaspe de 4 mm et une petite bride de rocailles pour y passer les perles d'attache de l'autre côté.

1 Commencez par dessiner le motif sur papier.

2 Préparez le métier à tisser (voir Métier à tisser). Ce bracelet compte 30 fils de chaîne. Commencez par enfiler 22 perles que vous tisserez avec une aiguille à perles (voir Métier à tisser), en rajoutant une rocaille à chaque bout après 3 rangs.

4 Tissez 30 rangs selon le modèle que vous avez dessiné. Avant d'effectuer la première série de franges, entourez l'extrémité des plumes de fil métallique et formez de petites boucles pour les suspendre. Ajoutez un éclat de citrine au-dessus de chaque plume en enroulant le fil métallique.

3 Rajoutez une rocaille sur chaque rang jusqu'à ce que vous obteniez une enfilade de 28 rocailles.

Bracelet indien

9 Sortez le bracelet du métier et nouez les fils qui dépassent en les rentrant dans l'ouvrage. Conservez deux fils de chaîne et intercalez quelques rocailles entre 2 perles de jaspe de 6 mm, pour constituer l'attache. Pour cela, utilisez le procédé des franges.

8 Réduisez à présent le nombre de rocailles, dans l'ordre inverse du début du bracelet. Lorsque vous avez terminé, repassez votre aiguille dans les rangs en ajoutant les franges de rocailles et de perles de jaspe, de la même manière que pour la frange centrale.

7 Continuez jusqu'à la fin du motif. Au dernier rang, ajoutez les perles de jaspe, de la même manière que sur la frange centrale.

6 En arrivant au rang du milieu, terminé par le cinquième rang de frange, remplacez la rocaille centrale par une perle de jaspe.

5 Réalisez les franges en enfilant des rocailles et des perles de jaspe sur le fil de trame. Consolidez la frange en ajoutant soit une rocaille au bout, soit la boucle d'une plume. Une fois que tout est en place, repassez le fil dans les perles de la frange et continuez à tisser le rang suivant sur le métier.

11 PERLES DE JASPE DE 6 MM

15 ÉCLATS DE CITRINE

1 ÉCLAT DE JASPE « LÉOPARD »

31 PERLES DE JASPE DE 4 MM

1 25 G DE ROCAILLES DE CHAQUE COULEUR : ROUGE, BLEU, BLANC ET MOUTARDE, TAILLE 10/0

Ailes d'oiseau « Bambou »

La forme et le dégradé de couleurs de ce somptueux collier évoquent un oiseau en plein vol. Le procédé employé est celui des artisans amérindiens et mexicains ; le choix des couleurs et l'insertion de baguettes de bambou sont d'inspiration sud-américaine. Malgré l'apparente complexité de ce bijou, les techniques de base restent relativement simples. Suivez les instructions mais choisissez vos propres motifs et couleurs.

Matériel
Ciseaux
Aiguilles à perles
Bougie
Vernis

Collier
(Articles suivants
+ perles pages
suivantes)
Fil de Nylon
transparent
Fil de Nylon noir
double
Fil de laiton très fin
1 cauri
Bâtonnets de bambou
de 2,5 et 3,5 cm
50 g de tubes rouille
Grosses perles semi-
précieuses

Fermoir
16 rocailles
3 perles de verre
de 5 mm
1 perle semi-
précieuse
1 éclat semi-précieux

1 Commencez par travailler les bâtonnets de bambou. On peut les passer à la flamme d'une bougie pour les foncer, puis les vernir pour éviter tout dépôt noir.

2 Prenez 2m de fil de Nylon. En laissant 20cm au bout, enfilez 2 tubes et refaites passer le fil dans le premier afin que les deux tubes soient côte à côte. Tirez bien le fil et repassez-le dans le deuxième tube. Ajoutez-en un troisième (voir Tissage d'une bande dans Tissage des perles). Continuez jusqu'à ce que vous ayez tissé 167 tubes, en repassant chaque fois dans le tube précédent. Il faudra rajouter du fil entre-temps ; vous rentrerez les bouts qui dépassent dans la frange plus tard.

3 Tournez l'ouvrage de façon que le fil soit à gauche. Faites passer l'aiguille dans une rocaille, puis sous le fil qui relie les deux premiers tubes (vers vous). Repassez le fil dans la rocaille en tirant bien (voir Tissage des perles). Insérez 4 autres rocailles. Tournez l'ouvrage et entamez un nouveau rang de 4 rocailles, et ainsi de suite jusqu'à la rocaille du sommet. Faites redescendre le fil sur le côté du triangle.

4 Exécutez deux rangs de rocailles au-dessus des quatre tubes suivants, puis un autre triangle avec 5 rocailles. Continuez en variant la taille des triangles.

AILES D'OISEAU « BAMBOU » 41

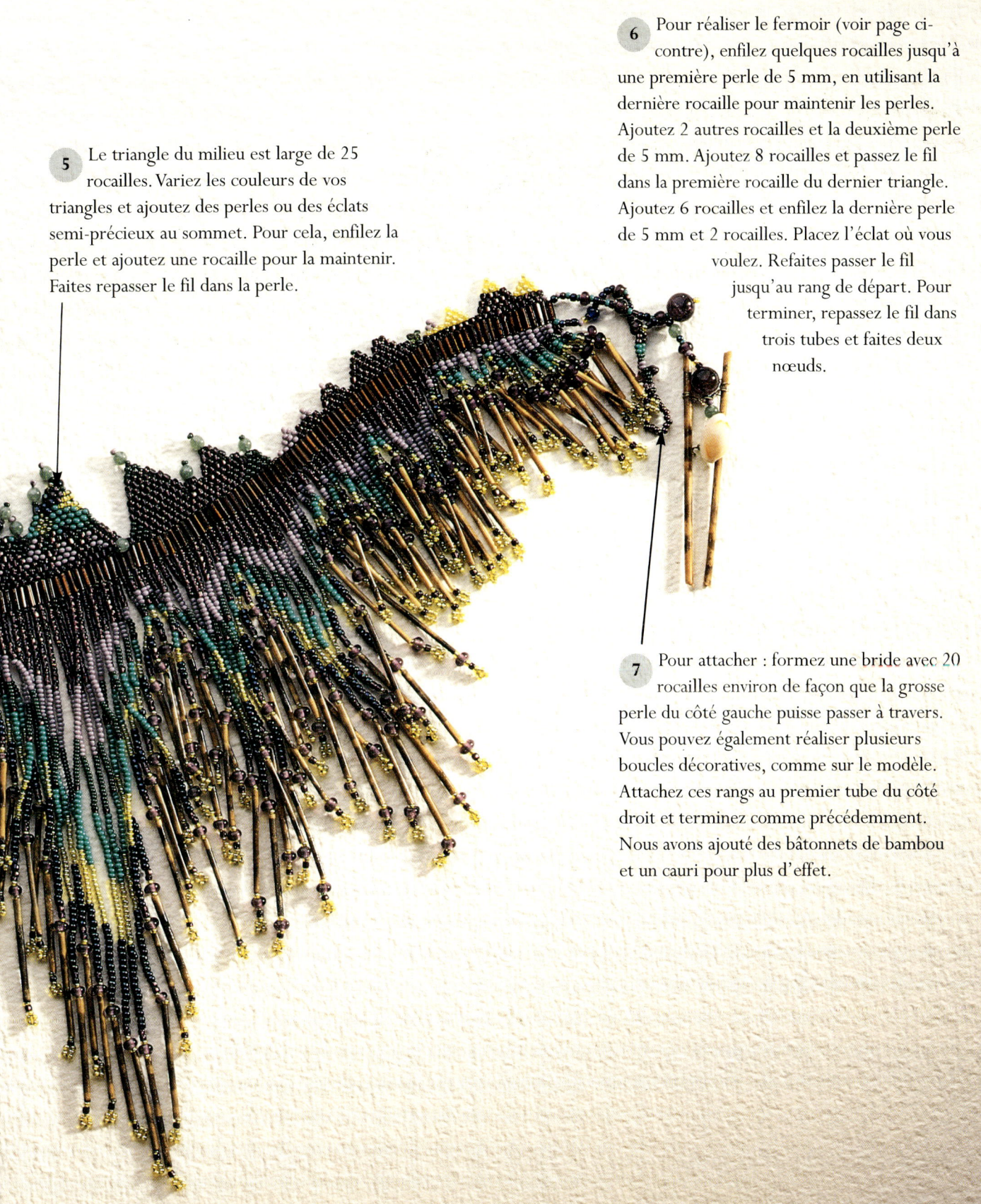

5 Le triangle du milieu est large de 25 rocailles. Variez les couleurs de vos triangles et ajoutez des perles ou des éclats semi-précieux au sommet. Pour cela, enfilez la perle et ajoutez une rocaille pour la maintenir. Faites repasser le fil dans la perle.

6 Pour réaliser le fermoir (voir page ci-contre), enfilez quelques rocailles jusqu'à une première perle de 5 mm, en utilisant la dernière rocaille pour maintenir les perles. Ajoutez 2 autres rocailles et la deuxième perle de 5 mm. Ajoutez 8 rocailles et passez le fil dans la première rocaille du dernier triangle. Ajoutez 6 rocailles et enfilez la dernière perle de 5 mm et 2 rocailles. Placez l'éclat où vous voulez. Refaites passer le fil jusqu'au rang de départ. Pour terminer, repassez le fil dans trois tubes et faites deux nœuds.

7 Pour attacher : formez une bride avec 20 rocailles environ de façon que la grosse perle du côté gauche puisse passer à travers. Vous pouvez également réaliser plusieurs boucles décoratives, comme sur le modèle. Attachez ces rangs au premier tube du côté droit et terminez comme précédemment. Nous avons ajouté des bâtonnets de bambou et un cauri pour plus d'effet.

Amérique

 8 Pour la frange, utilisez du fil noir en double. Travaillez à partir des tubes. Enfilez 10 rocailles, une perle de 5 mm, une autre rocaille et un bâtonnet de bambou de 2,5 cm. Ajoutez 2 rocailles puis 5 autres afin de former une boucle tout en bas. Repassez le fil dans les deux rocailles sous le bambou, dans le bambou même et le reste des perles. Faites ressortir le fil par le tube et refaites-le passer dans le tube voisin pour exécuter la frange suivante.

PERLES ET ÉCLATS SEMI-PRÉCIEUX DE 5 MM

50 G DE PERLES EN VERRE VIOLETTES DE 5 MM

9 Continuez le travail de la frange, en rajoutant des perles et en augmentant la longueur des pendants jusqu'au milieu, puis en réduisant de nouveau. Utilisez les bâtonnets de bambou les plus courts à l'extérieur et les plus longs au milieu. La frange centrale – la plus longue – se compose de 100 rocailles, d'un bambou de 3,5 cm et d'une perle de verre de 5 mm.

75 G
DE ROCAILLES
DE CHAQUE
COULEUR :
LILAS, VERT FONCÉ,
VERT CLAIR, VERT
CITRON,
TAILLE 11/0

75 G
DE ROCAILLES DE
CHAQUE COULEUR :
VIOLET, BLEU
FONCÉ,
TAILLE 10/0

Pendentif sur cordelette

Ce bijou simple est mis en valeur par un superbe pendentif en verre, orné de perles modernes, suspendu à une cordelette en soie tressée aux couleurs chatoyantes. Il est impératif de se référer au chapitre Techniques pour réaliser ce collier très actuel.

1. Déterminez d'abord la longueur de fil nécessaire. Pour cela, comptez combien de fils il faut pour remplir l'intérieur d'une perle, de façon qu'elle ne glisse pas, et prévoyez 1,50 m pour chaque fil. La tresse ci-contre est faite de 42 fils verts (A), 21 fils bleus (B) et 21 fils turquoise (C).

Matériel
Ciseaux
1 plomb de pêche de 100 g (facultatif)

Collier
(Articles suivants + perles ci-contre)
31 cm de fil de coton solide
1 carton carré de 13 cm de côté
8 navettes en carton de 25 x 35 mm
1 pendentif
Fils de soie en trois couleurs (la moitié en couleur A, un quart en couleur B, un quart en couleur C)
Fils de soie assortis pour fixer les perles

2. Ensuite, préparez votre carton (voir Travail du fil) et vos navettes, chacune avec une fente de 5 mm.

3. Pliez les fils en deux et utilisez le fil de coton pour former un nœud en tête d'alouette (voir Travail du fil), afin de les retenir en leur milieu. Nouez les fils en laissant 8 cm au bout pour le gland (voir Travail du fil).

10
PERLES DE VERRE COLORÉES

Pendentif sur cordelette

7 Le fil enroulé autour de la cordelette pour retenir les dernières perles l'empêchera également de se défaire. Vous pourrez ensuite couper les glands à la longueur voulue.

6 En vous aidant du nœud en tête d'alouette, passez la cordelette dans les perles. Fixez chaque perle en enroulant plusieurs fois un fil de soie juste en dessous.

4 Insérez le nœud en tête d'alouette dans le trou central du carton et enroulez les fils sur les navettes (voir Travail du fil). Vous pouvez attacher un plomb de pêche au coton afin de manipuler plus facilement la tresse pendant que vous travaillez.

5 Placez les fils sur le carton (voir Travail du fil), en répétant les trois étapes suivantes :
Étape 1 2→5, 6→9, 10→13, 14→2
Étape 2 3→16, 15→12, 11→8, 7→3
Étape 3 5→6, 8→7, 9→10, 12→11, 13→14, 16→15
Continuez ainsi jusqu'à ce que la tresse atteigne 90 cm de long.

Amérique

Collier péruvien

Ce collier de perles péruviennes tissé à la main présente un charmant motif de pendentifs colorés. La chaîne permet d'ajuster sa longueur.

Matériel
Pince à becs ronds
Pinces de bijoutier
Pince coupante
2 aiguilles fines

Collier
(Articles suivants + perles ci-contre)
4 m de fil polyester noir
1 petit pendentif idolos
22 épingles à œillet de 50 mm
7 sphères argentées de 3 mm
9 anneaux de liaison argentés de 7 mm
2 cache-nœuds argentés
Chaîne argentée
1 crochet argenté, ou fil métallique de bijoutier pour en fabriquer un.
149 rocailles noires, taille 7/0

50 perles noires de 5 mm

1 Préparez les pendentifs de la même façon que des pendants d'oreilles droits (voir Fil métallique). Il est essentiel de façonner le deuxième œillet dans le même sens que celui de l'épingle, pour que le collier tombe bien. Il y a 22 pendentifs au total.

2 Reliez les pendentifs entre eux à l'aide des anneaux de liaison, selon le modèle. Assurez-vous que les œillets sont tous dans le même sens. Il reste deux pendentifs seuls.

3 Coupez deux longueurs de 2 m de fil noir et enfilez-les dans les aiguilles. Nouez les extrémités des deux fils ensemble et faites-les passer dans une rocaille, une perle de 5 mm et une autre rocaille. Séparez les fils et tissez à la main les perles noires et les tubes (voir Tissage des perles).

4 Lorsque vous avez tissé sept tubes, prenez le premier pendentif et enfilez-le sur le fil inférieur, entre la perle de 5 mm et la rocaille. Continuez en enfilant le tube suivant.

5 Entre les neuvième et dixième tubes, enfilez le premier ensemble de pendentifs entre la deuxième et troisième rocaille.

COLLIER PÉRUVIEN

6 Continuez jusqu'au douzième tube (rayé) et ajoutez le deuxième ensemble de pendentifs entre la première et la deuxième rocaille.

7 Le quatorzième tube forme le centre du collier. À partir de là, répétez le tissage de la même façon que pour le premier côté de l'ouvrage.

8 Avant de terminer, suspendez le pendentif inca à l'œillet de l'épingle qui reste. Enfilez deux perles, passez l'épingle dans le tube du milieu, ajoutez deux autres perles et formez soigneusement l'œillet supérieur.

9 Avant de couper les fils, assurez-vous que le tissage est bien serré et régulier, et fixez un cache-nœud à chaque bout (voir Finition).

10 Coupez les fils aussi ras que possible.

11 Avec les derniers anneaux de liaison, attachez une longueur de chaîne de 14 cm d'un côté, et de 7 cm de l'autre. Fixez le crochet sur la longueur la plus courte. Il doit pouvoir passer facilement dans les maillons de la chaîne pour porter le collier à la longueur voulue.

13
PERLES EN GOUTTE DÉCORÉES

12
PERLES TUBES TURQUOISE MATES

23
PERLES TUBES EN CÉRAMIQUE RAYÉES

Les Français imitaient les perles fines à la perfection et, à l'instar des Vénitiens, fabriquaient ces petites perles de verre appelées rocailles. L'Autriche était réputée pour ses perles en verre et l'Allemagne pour la taille et le polissage des perles en pierre. Les Anglais, enfin, fabriquaient aussi des perles de verre, destinées notamment à la production de broderies.

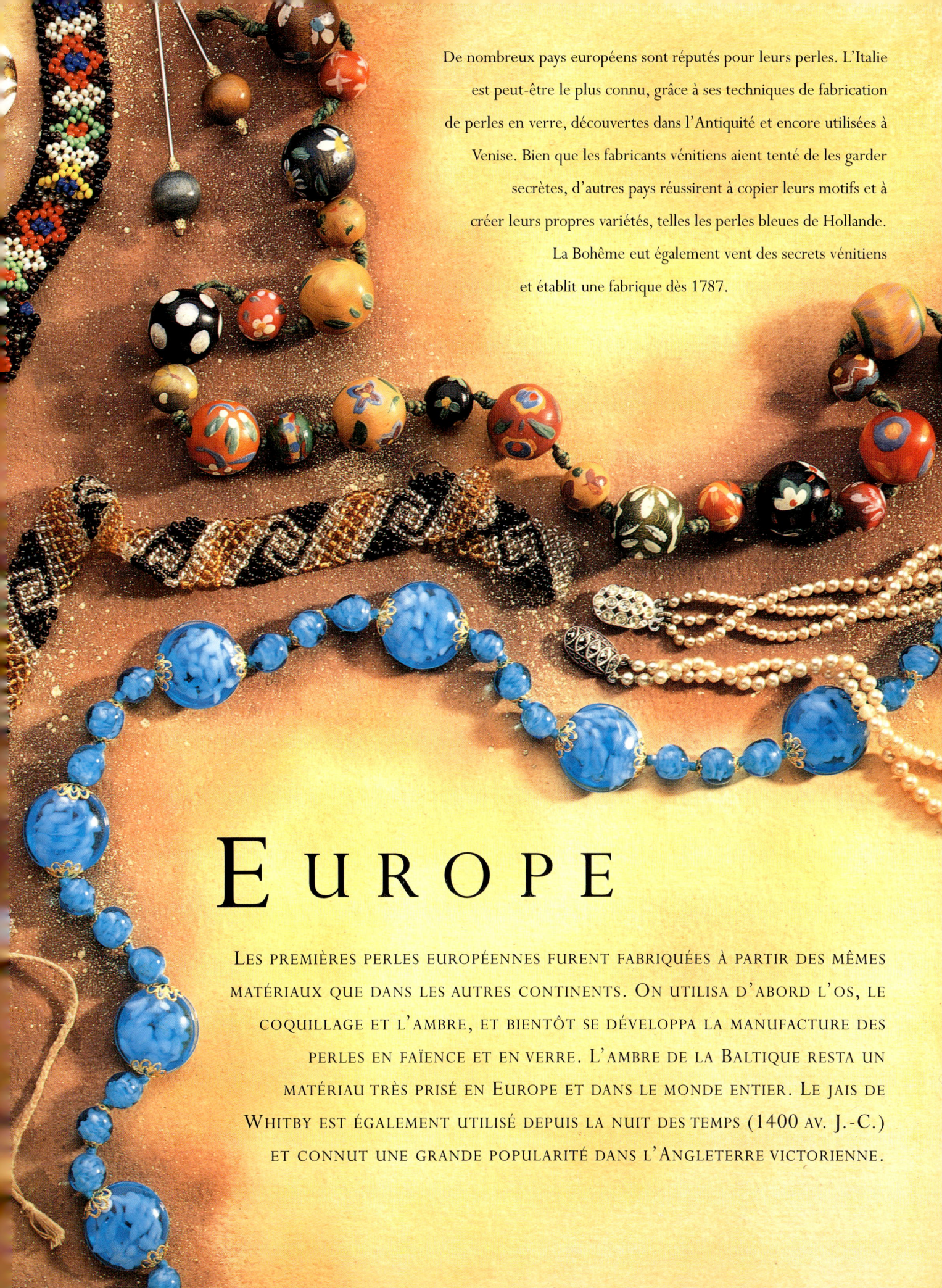

De nombreux pays européens sont réputés pour leurs perles. L'Italie est peut-être le plus connu, grâce à ses techniques de fabrication de perles en verre, découvertes dans l'Antiquité et encore utilisées à Venise. Bien que les fabricants vénitiens aient tenté de les garder secrètes, d'autres pays réussirent à copier leurs motifs et à créer leurs propres variétés, telles les perles bleues de Hollande. La Bohême eut également vent des secrets vénitiens et établit une fabrique dès 1787.

EUROPE

LES PREMIÈRES PERLES EUROPÉENNES FURENT FABRIQUÉES À PARTIR DES MÊMES MATÉRIAUX QUE DANS LES AUTRES CONTINENTS. ON UTILISA D'ABORD L'OS, LE COQUILLAGE ET L'AMBRE, ET BIENTÔT SE DÉVELOPPA LA MANUFACTURE DES PERLES EN FAÏENCE ET EN VERRE. L'AMBRE DE LA BALTIQUE RESTA UN MATÉRIAU TRÈS PRISÉ EN EUROPE ET DANS LE MONDE ENTIER. LE JAIS DE WHITBY EST ÉGALEMENT UTILISÉ DEPUIS LA NUIT DES TEMPS (1400 AV. J.-C.) ET CONNUT UNE GRANDE POPULARITÉ DANS L'ANGLETERRE VICTORIENNE.

én# Joyaux de Couronne

Cet ensemble de broche et d'épingle, assorti à un tour de cou convertible en diadème, forme une élégante parure princière qui ne déparerait pas sur une piste de danse moderne !

Note : toutes les perles sont des imitations.

Matériel
Pince à becs ronds
Pince coupante
Ciseaux
Colle

Tour de cou
(Articles suivants + perles ci-contre)
1,26 m de fil métallique « à mémoire » c'est-à-dire qui garde la forme qu'on lui donne.
8 barrettes à 4 trous
8 calottes
8 embouts de boucle d'oreille

Épingle à chapeau
1 épingle de 13 cm
1 embout
1 embout de boucle d'oreille
3 rondelles en diamanté
1 perle en goutte de 16 x 10 mm
1 perle ovale de 10 mm
1 perle de 8 mm
1 perle de 4 mm

1 Coupez quatre cercles de fil, de 30, 31, 32 et 33 cm de long. Collez les deux sortes d'embout à une extrémité et commencez à enfiler les perles.

2 Enfilez les barrettes et les rondelles en diamanté selon le modèle. Les perles de 8 mm seront placées au centre, et la perle de 10 mm sur le fil le plus court.

3 Terminez par les deux embouts, collés sur le fil à l'extrémité des rangs.

4 Pour réaliser l'épingle, enfilez les perles et les rondelles suivant le modèle et fixez-les à l'aide d'un embout de boucle d'oreille.

144
perles de 6 mm

JOYAUX DE COURONNE 51

11 Séparez les fils. Sur l'un, enfilez les perles entre chaque œillet, comme de l'autre côté, en faisant remonter le fil dans les perles, sauf la dernière.

10 Faites ressortir les fils par l'autre côté du fermoir pour le consolider et faites-les descendre de nouveau.

12 Ajoutez une perle, une rondelle et la perle centrale sur le deuxième fil et fixez-le au premier à l'aide d'une perle de serrage ou d'un nœud et de colle. Pour terminer, collez la monture de broche sur le fermoir.

9 Au sommet de la rangée verticale, ajoutez une perle et une rondelle et passez les deux fils dans le fermoir en diamanté.

8 Coupez 40 cm de crinelle et pliez-la en deux. Placez le pli autour d'un des œillets supérieurs et enfilez une perle entre chaque œillet, sur un fil. Faites ressortir le fil par la dernière perle et rentrez-le à nouveau dans les autres pour les consolider.

7 Coupez quatre longueurs de fil métallique d'environ 35, 45, 50 et 55 mm, formez un œillet à l'extrémité et enfilez les perles et rondelles entre les barrettes ; faites un œillet à l'autre bout. En enfilant le dernier rang, incorporez les pendants.

6 Façonnez des « huit » (voir FIL MÉTALLIQUE) et suspendez-y les pendants.

5 Pour la broche, commencez par préparer les pendants en enfilant les perles et les rondelles sur les épingles à tête.

3
PERLES DE 8 MM

1
PERLE DE 10 MM

70
RONDELLES EN DIAMANTÉ DE 8 MM

BROCHE
40 cm de fil métallique argenté de 0,8 mm
Crinelle
1 demi-fermoir en diamanté
1 monture de broche
2 barrettes à 4 trous
2 épingles à tête de 50 mm
3 épingles à tête de 38 mm
17 rondelles en diamanté
1 perle de 10 mm
17 perles de 8 mm
15 perles de 6 mm
6 perles de 4 mm
5 perles de 5 mm
2 perles ovales de 10 mm

EUROPE

ANCIEN ET MODERNE

CES COLLIERS AUX COULEURS CHATOYANTES ALLIENT DES PERLES EN PLASTIQUE MÉTALLISÉ ITALIENNES ET DES PERLES DE VERRE AUTRICHIENNES. LA MANUFACTURE DE PERLES DE PLASTIQUE A CONNU UN GRAND REGAIN D'INTÉRÊT CES DERNIÈRES ANNÉES, OFFRANT UNE SOURCE D'INSPIRATION INÉPUISABLE AUX BIJOUTIERS. LES PERLES DE VERRE, TOUJOURS TRÈS APPRÉCIÉES, SONT PRODUITES EN AUTRICHE DEPUIS LA DEUXIÈME MOITIÉ DU XIXe SIÈCLE PAR UNE SOCIÉTÉ FONDÉE PAR DANIEL SWAROVSKI, QUI INVENTA LA MACHINE À COUPER LES PERLES DE VERRE.

MATÉRIEL
Pinces de bijoutier
Pince à becs ronds
Ciseaux
Colle

COLLIER OR ET BRONZE
(Articles suivants + perles ci-contre)
1 m de fil de Nylon
1 petit fermoir menotte en cuivre
2 anneaux de liaison ovales en cuivre
2 petits cache-nœuds en cuivre
3 perles garnies d'or de 22 mm
10 perles en cuivre de 8 mm
10 perles ovales en cuivre
6 perles « fletcha » en cuivre

BOUCLES D'OREILLES OR ET BRONZE
2 attaches de boucle d'oreille dorées
2 épingles à tête de 50 mm
2 perles topaze à facettes de 10 mm
2 perles garnies d'or de 14 mm
4 perles en cuivre de 8 mm
8 « grelots » en cuivre

18
PERLES GARNIES D'OR DE 14 MM

10
PERLES TOPAZE À FACETTES DE 10 MM

2
PERLES OVALES CERCLÉES EN CUIVRE

4
PERLES À RAINURES EN CUIVRE

ANCIEN ET MODERNE 53

1. Pour chaque collier, faites un nœud solide à une extrémité du fil de Nylon. Ajoutez une goutte de colle et, lorsqu'elle est sèche, recouvrez le nœud d'un cache-nœud.

2. Enfilez les perles selon le modèle et nouez l'autre extrémité du fil. Ajoutez un cache-nœud de la même manière.

3. Fixez le fermoir du collier bronze avec deux anneaux ovales ; celui du collier rouge avec un anneau rond et un anneau brisé.

4. Les boucles d'oreilles or et bronze sont des pendants droits (voir FIL MÉTALLIQUE).

5. Pour les boucles rouge et or, enfilez les perles du bas sur les épingles à tête et recourbez l'extrémité. Ouvrez l'œillet des autres épingles, attachez-y les épingles à tête et enfilez les perles du haut. Recourbez l'extrémité et fixez les attaches.

6 PERLES D'AMBRE OVALES

1 DISQUE D'AMBRE

8 PERLES BAROQUES EN VERRE

8 PERLES OCTOGONALES À MOTIF

14 PERLES BAROQUES RONDES DORÉES

COLLIER ROUGE ET OR
(Articles suivants + perles ci-contre)
1 m de fil de Nylon
1 petit fermoir menotte doré
1 anneau brisé doré de 5 mm
1 anneau de liaison doré de 5 mm
2 cache-nœuds dorés
4 perles dorées à rainures
8 perles dorées « zigzag »
2 perles dorées ellipsoïdales

BOUCLES D'OREILLES ROUGE ET OR
2 attaches de boucle d'oreille dorées
2 épingles à tête dorées de 50 mm
2 épingles à œillet de 10 mm
2 perles d'ambre ovales
4 perles dorées à motif aplaties
4 sphères dorées de 3 mm
2 perles topaze à facettes de 10 mm

Tour de cou édouardien

Ce tour de cou s'inspire des portraits anglais de l'époque édouardienne. Il a été réalisé sur un métier à tisser les perles et la combinaison subtile de son motif et de ses couleurs produit un effet des plus élégants.

1 Pour un meilleur résultat, composez le motif sur du papier à dessin avant de travailler sur le métier. Le collier compte 134 rangs (y compris la languette) de 12 rocailles. Il mesure 40 cm environ, mais vous pouvez le raccourcir ou l'allonger en le dessinant au préalable.

4 La frange se compose de 25 pendants qui augmentent en taille jusqu'à ce que le pendant central ait 19 rocailles. Après quoi, les pendants décroissent inversement.

Matériel
Métier à tisser les perles
Aiguilles à perles
Ciseaux
Papier à dessin

Collier
(Article suivant
+ perles ci-contre)
Fil polyester marron

2 Montez le métier (voir Métier à tisser) et faites les 2 premiers rangs. Réalisez ensuite la fente du fermoir en ne formant que des demi-rangs pendant 4 rangs. (Réalisez d'abord un premier côté, repassez le fil en bas et recommencez de l'autre côté).

3 Continuez à tisser le motif pendant 52 autres rangs, puis ajoutez la première frange. Pour cela, enfilez 5 rocailles sur votre fil (de haut en bas : or, crème, bronze, or, crème) et refaites passer l'aiguille par les 4 premières de façon que la dernière (crème) se tourne de côté et soutienne les autres. Continuez ensuite à tisser les rangs normalement.

TOUR DE COU ÉDOUARDIEN

5 Terminez l'ouvrage par 5 rangs d'une seule rocaille au milieu, puis retirez le collier du métier.

6 Pour réaliser la languette qui passera par la fente du collier, ajoutez 3 rocailles de part et d'autre des 3 derniers rangs d'une seule rocaille. Attachez-les à l'aide de deux des fils de trame utilisés pour les derniers rangs. Le premier passera tout droit dans chaque nouveau rang, le deuxième fil passera d'un rang à l'autre de façon à les maintenir bien serrés. Réalisez la languette en fonction du motif qu'elle couvrira sur la fente.

7 Coupez les fils et rentrez-les dans le tissage, avant de commencer à exécuter les boucles du pourtour. Le côté languette est laissé tel quel car il sera recouvert par le côté fente. Commencez par enfiler 5 rocailles que vous placerez au-dessus de 2 rangs. Continuez en ajoutant 5 rocailles à la fois et en sautant un rang à chaque passage de fil.

8 Continuez les boucles du bord inférieur, mais en passant l'aiguille latéralement toutes les trois rocailles du dernier rang horizontal.

9 À ce point de la bordure, la boucle est de nouveau faite entre 2 rangs.

10 Continuez en ajoutant 5 rocailles à la fois et en sautant un rang jusqu'à ce que vous atteigniez la frange.

50 g
DE ROCAILLES DE CHAQUE COULEUR : BRONZE, CRÈME ET OR, TAILLE 8/0

Parure allemande en bois

Cet ensemble coloré est très amusant à réaliser. Les techniques sont simples et jouent sur la variété des couleurs et des formes.
Les perles, produites par une manufacture de jouets allemande, sont particulièrement adaptées aux enfants.

Matériel
Pince à becs ronds
Pinces de bijoutier
Pince coupante
Lime
Aiguille
Ciseaux

Collier
(Articles suivants + perles ci-contre)
75 cm de fil noir épais
1 crochet
1 anneau de liaison (ou fil métallique argenté de 1,2 mm)
34 grandes rondelles noires
6 grands carrés roses
2 grandes rondelles bleues
6 petites sphères rouges de 8 mm
5 grandes rondelles rouges

Bracelet
25 cm de fil métallique argenté de 1,2 mm (moins si vous avez un crochet tout prêt)
24 petites rondelles
16 grandes rondelles noires
3 cubes verts
2 petits cubes bleus

1. Enfilez les perles sur le fil noir selon le modèle, ou selon votre goût.

48 petites rondelles

60 perles biconiques noires

2 sphères rouges de 12 mm

6 petits cubes bleus

Parure allemande en bois

2 Aux deux extrémités, nouez le fil sur le crochet et sur l'anneau (voir Finition). Si vous faites le crochet vous-même, voyez Fil métallique. Passez le bout du fil dans une aiguille et repassez-le dans les perles.

Boucles d'oreilles

1 Enfilez une sphère argentée sur une épingle de 50 mm, puis les perles en bois. Coupez le bout de l'épingle et recourbez-le en œillet.

2 Ouvrez (latéralement) l'œillet de l'épingle de 25 mm et accrochez-le au premier pendant. Enfilez le reste des perles et recourbez l'autre extrémité de l'épingle en œillet. Ajoutez l'attache de boucle d'oreille et recommencez l'opération pour la deuxième boucle.

Bracelet

1 Coupez 20 cm de fil métallique, limez une extrémité et recourbez-la en œillet. Enfilez vos perles.

2 Coupez l'excédent de fil, en en laissant assez pour faire un œillet, après avoir limé l'extrémité. Formez un crochet avec le reste de fil et finissez en l'attachant à l'un des œillets.

6 CUBES VERTS

10 DISQUES JAUNES

Boucles d'oreilles

4 sphères argentées
2 épingles à œillet de 50 mm
2 épingles à œillet de 25 mm
2 attaches de boucle d'oreille
4 grandes rondelles noires
2 petites rondelles
2 grands carrés roses
2 cubes verts
2 petits cubes bleus
10 perles biconiques noires

Chaîne de Bohême

Ce charmant ensemble est formé d'un subtil assortiment de perles de verre, notamment des perles de Bohême travaillées à la lampe, et de courts segments de chaînes ponctués d'ornements métalliques français. Il en résulte un collier très long que l'on peut enrouler plusieurs fois autour du cou, et un joli bracelet, tout simple mais d'une grande délicatesse.

1 Coupez 40 segments de chaîne, chacun de 4-5 cm environ (ou 8 maillons).

3 Coupez 32 longueurs de 4 cm de fil métallique pour enfiler les perles. Si trop de fil dépasse, coupez-en un bout à la pince avant de former l'œillet. Enfilez les perles par sections.

4 Fermez chaque section par un œillet. Puis construisez votre collier en ouvrant les œillets latéralement pour y accrocher les segments de chaîne.

2 Placez un anneau à chaque extrémité des ornements métalliques.

5 Ouvrez les anneaux des ornements pour y accrocher les segments de chaîne. Attachez ainsi toutes les pièces.

Matériel
Pince à becs ronds
Pince coupante

Collier
(Articles suivants + perles ci-contre)
Fil métallique de bijoutier
1,80 m de chaîne
8 ornements métalliques
16 anneaux de liaison de 3 mm
8 perles noires à facettes de 7 mm
4 rocailles noires, taille 7/0

8 PERLES EN VERRE GRISES DE 15 × 7 MM

8 PERLES « À LA LAMPE » VERTES ET ROSES DE 11 × 8 MM

24 PERLES EN VERRE CRÈME DE 4 MM

Chaîne de bohême 59

Bracelet

1. Enfilez les perles du bracelet de la même manière que pour le collier, en ajoutant des calottes décoratives aux perles crèmes et roses.

2. Assemblez les différentes pièces sur deux rangs avec des anneaux de 2 mm.

3. Attachez les deux rangs aux gros anneaux avec un petit anneau.

4. Fixez le gros anneau rond et le fermoir menotte à chaque extrémité.

4
perles bleues à facettes de 14 x 10 mm

4
perles violettes à facettes de 7 mm

24
perles noires à facettes de 5 mm

12
perles noires à facettes de 4 mm

Bracelet
Fil métallique de bijoutier
22 anneaux de liaison de 2 mm
2 anneaux de liaison de 6 x 4 mm
1 anneau de liaison de 5 mm
1 fermoir menotte
12 calottes décoratives
7 perles noires à facettes de 7 mm
1 perle noire à facettes de 8 mm
4 perles violettes à facettes de 7 mm
2 perles bleues à facettes de 14 x 10 mm
5 perles de verre crème de 8 mm
4 perles de verre crème de 3 mm
1 perle travaillée à la lampe rose de 11 x 8 mm

Céramique grecque

Les Grecs fabriquent une infinie variété de perles en céramique, certaines aux motifs floraux élaborés, d'autres, comme celles-ci, aux couleurs douces et aux formes angulaires. Comme c'est l'usage en Grèce, on a utilisé un cordon de cuir pour soutenir les perles rectangulaires et carrées de ce ravissant collier.

2 Coupez trois longueurs de 30 cm de cordon. Enfilez les tubes rectangulaires, séparés par de petits carrés. Au milieu du cordon extérieur, suspendez les pendants entre les petits carrés.

1 Réalisez les pendants en coupant les épingles à chapeau selon la longueur des perles, plus 10 mm que vous recourberez en un œillet suffisamment large pour y faire passer le cordon de cuir. Prenez garde en coupant les épingles, celles-ci étant difficiles à manier et acérées une fois sectionnées. Veillez à bien rentrer les extrémités en formant les œillets.

Matériel
Pinces de bijoutier
Pince à becs ronds
Ciseaux
Pince coupante

Collier
(Articles suivants + perles ci-contre)
1,10 m de cordon de cuir
9 tiges d'épingle à chapeau
1 crochet, ou fil métallique de 1,2 mm pour le faire
10 embouts ressort
2 anneaux de liaison de 7 mm
2 triples perles intercalaires grises

34 tubes rectangulaires bleus

15 tubes tachetés or

CÉRAMIQUE GRECQUE 61

5 Coupez deux longueurs de 8 cm de cordon pour la dernière série de perles. Placez un embout ressort à chaque bout, de part et d'autre des perles.

6 Rattachez les dernières sections à l'anneau de liaison.

7 Enfin, ajoutez un crochet tout prêt ou que vous aurez confectionné vous-même (voir Fil métallique).

4 Terminez chaque extrémité par un embout ressort et rassemblez les embouts par un anneau.

3 Faites passer le cordon dans les perles intercalaires, puis continuez à enfiler les tubes rectangulaires et les petits carrés.

30
ROCAILLES GRISES,
TAILLE 7/0

8
GROS TUBES
DORÉS

56
PETITS CARRÉS
GRIS

Europe

Terre à modeler

Ces colliers ont été réalisés à partir d'une riche sélection de perles en terre à modeler synthétique aux motifs bigarrés, façonnées en Écosse. Disponible dans une grande variété de couleurs, le matériau est relativement facile à manipuler et peut être cuit dans un four ordinaire, ou même dans de l'eau bouillante. Ainsi, vous pouvez confectionner vos propres perles au lieu de les acheter. Ici, les perles sont séparées par des disques ou de petites sphères en cuivre originaires de Grèce, et reliées par un cordon de cuir.

Matériel
Pinces de bijoutier
Colle

Colliers
(Articles suivants
+ perles ci-contre)
Grands et petits
disques de cuivre
Ressorts en cuivre
Cordons de cuir de
différentes couleurs
Sphères en cuivre

PERLES EN TERRE À MODELER SYNTHÉTIQUE UNIES ET À MOTIF

Colliers du haut

1 Décidez de la façon dont vous allez enfiler les éléments du collier. Ici, les perles sont agencées de manière symétrique.

2 Enfilez les perles et les disques et terminez en collant une perle à chaque extrémité du cordon. Faites un nœud très serré contre la perle. Vous entortillerez les perles l'une autour de l'autre pour fermer le collier.

Colliers du bas

1 Décidez de la façon dont vous allez enfiler les éléments du collier.

2 Enfilez les perles et les disques en prenant soin de laisser un peu d'espace entre les perles et le fermoir pour que le collier ne soit pas trop raide.

3 Faites une boucle à l'extrémité du cordon, en passant les deux bouts de la boucle dans un ressort en cuivre. Resserrez les dernières spirales avec une pince.

4 À l'autre extrémité, enfilez deux petites perles, une perle oblongue et une autre perle, puis nouez fermement le bout du cordon.

Europe

Torsades rose et bleu

Ce ravissant collier est purement européen : les perles en céramique décorées à la main et les petites perles de verre carrées travaillées à la lampe sont originaires d'Angleterre ; les rocailles sont françaises ; et les perles de verre millefiore sont fabriquées à Venise, selon le célèbre motif Rosetta.

1 Coupez trois longueurs de cordon : 62, 65 et 68 cm, et enfilez les grosses perles tubes au centre des cordons. Enfilez ensuite les rocailles roses, les petites perles tubes et les perles rondes sur 18 cm environ de chaque côté.

2 Coupez 1,20 m environ de fil métallique pour chaque cordon et enroulez un segment de fil autour de chaque cordon, au-dessus des rocailles roses, en veillant à ce que les perles du cordon soient bien centrées. Laissez une « queue » de 20 mm sur le fil avant de l'enrouler. Vous pouvez attacher les cordons ensemble avec du ruban adhésif de l'autre côté pour plus de facilité.

3 Enfilez les petites rocailles 11/0 sur le fil métallique et ajoutez les perles carrées, en alternance avec les perles millefiore, juste avant la perle en céramique centrale.

Matériel
Pinces de bijoutier
Ciseaux

Collier
(Articles suivants + perles ci-contre)
3,60 m de fil métallique, calibre 0,34
2 m de cordon de cuir
6 embouts ressort
1 fermoir à trois rangs
5 perles en céramique décorées à la main de 23 x 20 mm
10 perles carrées de 6-7 mm
10 perles millefiore vénitiennes de 8 mm
Rocailles de cobalt translucide et rose opaque, taille 4/0

Torsades rose et bleu

9 Coupez l'extrémité des cordons et attachez les embouts au fermoir. Enfin, coupez le fil métallique en excédent.

8 Repoussez bien les perles et fixez les embouts ressort de chaque côté.

7 Sur chaque cordon, ajoutez les rocailles translucides bleues et les petites perles en céramique jusqu'à la longueur voulue.

6 Enfilez de chaque côté une grosse perle en céramique sur les trois cordons, de façon qu'elle recouvre le fil métallique enroulé.

5 Assurez-vous que l'agencement des différentes rangées vous convient et enroulez le fil métallique autour du cordon, en laissant de nouveau une « queue ».

4 Continuez à enrouler le fil métallique en le passant dans la perle en céramique centrale. Répétez pour les deux autres longueurs et finissez d'enfiler les perles.

16 perles tubes en céramique de 20 x 7 mm

Rocailles translucides bleues, taille 11/0

14 perles en céramique décorées à la main de 12 mm, dans 2 motifs

Collier en verre noir

Ce collier s'inspire des bijoux en jais si prisés dans l'Angleterre victorienne. Les perles en verre à facettes sont de fabrication autrichienne et leur éclat est mis en valeur par de petites calottes dorées. Le porte-rang et la chaîne dorée ajoutent au raffinement de l'ensemble.

Matériel
Pince à becs ronds
Pinces de bijoutier
Pince coupante

Collier
(Articles suivants + perles ci-contre)
1,05 m de crinelle
8,5 cm de chaîne dorée
9 épingles à œillet* dorées de 25 mm
13 épingles à œillet* dorées de 38 mm
1 épingle à œillet dorée de 50 mm
6 barrettes dorées à trois trous
2 porte-rangs dorés
1 anneau à ressort doré
6 perles de serrage dorées
32 perles en verre de 4 mm
115 perles en verre de 6 mm

*ou sectionnez 22 épingles à œillet de 50 mm

3 Attachez un bout de chaîne de 3 cm à l'un des porte-rangs dorés et fixez l'anneau à ressort à l'autre segment de chaîne.

4 Coupez trois longueurs de crinelle de 35 cm et fixez-les au porte-rang à l'aide de perles de serrage. Intercalez des petites perles dorées entre les perles de serrage et le porte-rang.

5 Enfilez les perles sur chaque rang, sans oublier d'inclure les barrettes dorées.

1 Réalisez les pendants en vous aidant de l'illustration. Ils sont tous faits sur le modèle des pendants d'oreilles droits (voir Fil métallique), et se terminent par un œillet au-dessus des perles.

2 Assemblez les différentes pièces en ouvrant les œillets du bas latéralement et en y insérant l'œillet de l'autre pendant. Refermez bien les œillets.

COLLIER EN VERRE NOIR

8 Fixez le porte-rang doré, comme vous l'avez fait pour le premier côté.

7 Inversez le motif sur la seconde moitié du collier.

6 Réalisez le motif central en intercalant les pendants sur le rang inférieur : enfilez une perle de 6 mm avec une seule calotte, puis une perle de 6 mm avec deux calottes, avant d'insérer le premier pendant. Assurez-vous que les œillets sont tous orientés dans le même sens.

9 Fixez le second segment de chaîne au porte-rang. L'anneau à ressort pourra être attaché à l'un des maillons de la chaîne, selon la longueur voulue.

16 PERLES DE VERRE DE 8 MM

26 PERLES DE VERRE DE 5 MM

32 PERLES RONDES DORÉES DE 3 MM

108 CALOTTES DORÉES DE 6 MM

L'Inde produit de superbes perles dans divers métaux et ses perles de verre jouissent d'une grande renommée. Elles sont fabriquées depuis 1000 av. J.-C., mais à l'époque de la domination britannique, de grosses quantités de perles européennes furent importées en Inde, menaçant son industrie. Aujourd'hui, toutefois, le phénomène s'est inversé.

Le Moyen-Orient fabrique une grande variété de perles. L'Égypte est historiquement réputée pour ses perles en faïence, un matériau précurseur du verre déjà utilisé dans l'Antiquité. Berceau du travail des perles, elle vit également passer le prospère commerce de perles entre l'Europe et l'Inde d'une part et l'Afrique et le Moyen-Orient d'autre part. Les pays de cette région du monde produisent de somptueuses perles d'argent, d'or ou d'autres métaux, associées au lapis-lazuli, au corail, à la turquoise et à l'ambre.

MOYEN-ORIENT

LA DIVISION TRADITIONNELLE DU MONDE EN CINQ CONTINENTS NE CONVIENT PLUS LORSQU'IL S'AGIT DES PERLES ET DE LEURS INFLUENCES. LA RÉGION DU MOYEN-ORIENT EST IMPORTANTE CAR ELLE EST FORTEMENT MARQUÉE PAR L'ISLAM ET LES PÈLERINS DE LA MECQUE QUI FAVORISÈRENT LE COMMERCE DES PERLES À VOCATION RELIGIEUSE.

Influence orientale

Cet élégant tour de cou combine le lapis-lazuli d'Afghanistan à la turquoise chinoise, que viennent ponctuer de ravissantes perles dorées de Thaïlande. Il est terminé par des grenats du Sri Lanka.

1 Coupez quatre longueurs de crinelle de 35 cm et attachez chacune d'entre elles au fermoir à l'aide de deux perles de serrage.

2 Sur chaque rang, enfilez trois grenats et une perle dorée.

3 Enfilez les tubes de lapis-lazuli et de turquoise en alternance avec des perles dorées et incorporez la première barrette dorée. Si les perles ne sont pas toutes de la même longueur, regroupez-les par taille de façon à former des rangs égaux.

4 Alternez les lapis-lazuli et les turquoises jusqu'à la barrette centrale, en intercalant toujours les perles dorées.

Matériel
Pinces de bijoutier
Ciseaux

Collier
(Articles suivants
+ perles ci-contre)
1,40 m de crinelle
3 barrettes dorées
1 fermoir à quatre rangs doré
16 perles de serrage dorées

40 tubes de lapis-lazuli de 13 mm

INFLUENCE ORIENTALE 71

5 Inversez le motif à partir de la barrette centrale.

6 Repoussez bien les perles et fixez le fil à l'autre partie du fermoir à l'aide de perles de serrage. Coupez les fils qui dépassent.

64
PETITES PERLES
DORÉES

32
TUBES DE
TURQUOISE
DE 13 MM

24
GRENATS DE 4 MM
(OU PLUS POUR
RALLONGER
LE COLLIER)

Moyen-Orient

Perles de prière

Le pendentif central de ce collier et toutes les perles décorées sont fabriqués en République tchèque et vendus aux pèlerins de La Mecque. Les motifs sont identiques depuis plus de 150 ans. Ici, ils sont associés à d'autres perles de verre pour former un collier simple mais d'une grande distinction.

Matériel
Ciseaux
Aiguille
Colle
Pour réaliser
le crochet :
Lime
Pince à becs ronds
Pince coupante

Collier
(Articles suivants
+ perles ci-contre)
7 cm de fil métallique argenté de 0,8 mm (ou crochet prêt à l'emploi)
1 m de fil polyester rouge épais
20 cm de fil polyester noir fin
1 pendentif de pèlerin, rouge
2 barrettes

1 Coupez un petit segment de fil noir et glissez une rocaille noire au milieu. En utilisant le fil en double, enfilez les perles centrales du pendentif, en insérant d'abord une barrette et en terminant par une rocaille noire.

2 Repassez le double fil par la barrette et les perles, séparez les fils sous la barrette supérieure et nouez-les fermement autour du fil central. Si possible, ajoutez un point de colle sur le nœud avant de couper les extrémités.

3 Enfilez le pendentif rouge au milieu du fil rouge et enfilez le reste des perles en remontant des deux côtés et en passant par les barrettes.

29
perles de prière cubiques
(9 rouges,
8 noires,
12 ambre)

102
rocailles noires,
taille 7/0

20
perles de verre
ambre à facettes

PERLES DE PRIÈRE

4 Lorsque les perles sont enfilées, terminez par une série de six nœuds entre les perles et le crochet (voir Finition). Le crochet et l'œillet présentés ici sont réalisés à la main (voir Fil métallique), mais vous pouvez utiliser un crochet prêt à l'emploi.

Boucles d'oreilles

1 Enfilez les perles des pendants et la barrette sur les épingles à œillet. Recourbez l'extrémité des épingles.

2 Prenez une nouvelle épingle à œillet, enfilez une rocaille noire puis les autres perles en incorporant les pendants. Ajoutez une dernière rocaille noire et formez un œillet à l'extrémité de l'épingle. Faites en sorte que les deux œillets soient orientés dans le même sens.

3 Coupez deux segments de 2,5 cm de chaîne et fixez-les aux œillets de l'épingle horizontale.

4 Joignez les deux segments de chaîne par un anneau brisé et passez l'attache de boucle d'oreille dans l'anneau. Répétez les diverses étapes pour la seconde boucle d'oreille.

5 PERLES DE PRIÈRE RONDES, EN AMBRE

6 PERLES DE PRIÈRE OVALES ROUGES

33 PERLES DE VERRE NOIRES DE 5 MM

Boucles d'oreilles
10 cm de chaîne argentée
8 épingles à œillet de 50 mm
2 attaches de boucle d'oreille argentées
2 anneaux brisés
2 barrettes
2 perles de prière rondes plates, en ambre
14 perles de prière cubiques (2 rouges, 4 noires, 8 ambre)
2 perles de verre noires de 5 mm
34 rocailles noires, taille 7/0

Collier égyptien

UNE MYRIADE DE PETITES PERLES EN FAÏENCE ÉGYPTIENNES, AUX TONS BRUNS ET BLEUS, RAVIVÉES PAR DES BARRETTES DORÉES ET UN PENDENTIF SCARABÉE, FORMENT UN COLLIER DIGNE DE CLÉOPÂTRE.

1 Coupez la crinelle en trois longueurs : 40, 36 et 32 cm. Fixez la longueur la plus courte en haut du fermoir à l'aide d'une perle de serrage (voir FINITION). Enfilez les perles en faïence et les sphères dorées, en commençant par une perle dorée et en plaçant les trois autres à intervalles irréguliers. Les perles en faïence se vendant généralement par enfilades, vous pouvez en coupez de petites sections et les enfiler sur votre fil, en écartant les perles irrégulières ou trop fines.

2 Au bout de 9 cm, ajoutez la première barrette. Enfilez 3,5 cm de perles supplémentaires avant de placer la deuxième barrette. Disposez les petites sphères dorées où bon vous semble ; ici, il n'y en a qu'une.

5 Le deuxième rang est identique au premier, mais compte 10 cm de perles en faïence et de sphères dorées avant la première barrette. La section centrale est la même, et le fil passe par le trou inférieur de la barrette du milieu.

Matériel
Pince à becs ronds
Pinces de bijoutier
Ciseaux
Vernis (facultatif)

Collier
(Articles suivants + perles ci-contre)
1,08 m de crinelle
1 scarabée égyptien
1 fermoir à trois rangs avec chaîne
2 épingles à œillet dorées de 50 mm
6 perles de serrage dorées

2 ENFILADES DE PERLES EN FAÏENCE

COLLIER ÉGYPTIEN 75

4 Répétez ces mesures pour l'autre moitié du collier et fixez la crinelle au fermoir à l'aide d'une perle de serrage.

Note : les perles en faïence sont très fragiles et doivent être manipulées avec soin. Pour consolider le collier, vous pouvez enduire les perles de vernis transparent.

3 La troisième barrette est placée après 2 cm de perles. Cette fois-ci, passez le fil dans le trou du milieu.

8 Terminez le collier en introduisant une épingle à œillet dans le trou supérieur de la barrette centrale, avec des perles en faïence et une sphère dorée de chaque côté. Formez un œillet à l'autre bout de l'épingle.

7 Le troisième rang est identique au premier, mais compte 11 cm de perles à chaque extrémité. Intégrez le scarabée au centre de ce rang.

40
SPHÈRES DORÉES
DE 3 MM

6 Préparez le pendentif en enfilant les sphères dorées, les perles en faïence et le scarabée sur une épingle à œillet. Recourbez l'extrémité contre les perles de façon à maintenir l'ensemble bien rigide. Prenez garde, toutefois, car la faïence est très fragile.

5
BARRETTES ÉPAISSES
DORÉES

MOYEN-ORIENT

Améthyste et argent

Les améthystes sont décorées à la main dans de petits ateliers de village du Rajasthan, où l'on produit aussi des perles d'argent. Le collier et les boucles d'oreilles, simples mais asymétriques, mettent en valeur la beauté des perles.

Matériel
Pince à becs ronds
Pinces de bijoutier
Ciseaux

Collier
(Articles suivants
+ perles ci-contre)
Fil de Nylon solide
2 perles de serrage
1 fermoir fantaisie
2 perles d'argent granulées de 5 mm
3 perles d'argent granulées de 7 mm
4 perles d'argent oblongues de 14 mm
1 perle d'argent décorée, légèrement ovale, de 24 mm
4 gouttes en améthyste de 20 mm
2 perles à côtes de melon en améthyste de 10 x 22 mm

Collier

1. Pour réaliser le collier, coupez 60 cm de fil de Nylon et enfilez les perles à partir du milieu. La disposition étant asymétrique, tâchez d'équilibrer les formes et les tailles en vérifiant de temps à autre que les perles tombent bien.

7
PERLES À CÔTES DE
MELON EN AMÉTHYSTE
DE 10 X 14 MM

1
PERLE À CÔTES DE
MELON EN AMÉTHYSTE
DE 15 X 25 MM

2
PERLES RONDES EN
ARGENT SOUDÉ DE
20 MM

2
PERLES EN
ARGENT
OBLONGUES DE
10 X 20 MM

AMÉTHYSTE ET ARGENT 77

2 Terminez le collier par une perle de serrage de chaque côté et coupez les fils qui dépassent.

BOUCLES D'OREILLES

Enfilez les sphères argentées sur les épingles à tête, puis les gouttes, et recourbez les extrémités. Ouvrez les boucles des épingles à œillet et attachez-y les épingles à tête. Enfilez les perles restantes et formez des œillets aux extrémités. Enfin, fixez les attaches de boucle d'oreille.

2 PERLES EN ARGENT TRESSÉES DE 11 x 20 MM

4 DISQUES EN ARGENT DE 12 MM

10 PERLES EN ARGENT UNIES ET À NERVURES DE 5 MM

1 PERLE EN ARGENT GRANULÉE DE 6 MM

BOUCLES D'OREILLES
2 épingles à tête argentées de 38 mm
2 épingles à œillet argentées de 38 mm
2 attaches de boucle d'oreille
2 perles à côtes de melon en améthyste de 10 x 14 mm
2 gouttes en améthyste de 20 mm
2 perles en argent à nervures de 2 mm
2 perles en argent granulées de 6 mm
2 sphères en argent de 3 mm

Moyen-Orient

Magie de l'orient

Cette magnifique pièce s'inspire de bijoux anciens du Yémen. Nous avons employé des perles en métal blanc pour le rendre plus abordable, mais les amulettes népalaises, symboles de fertilité, sont en argent. À vous de choisir d'autres breloques en métal argenté ou en argent pour donner une touche personnelle à votre collier.

1. Coupez le fil en longueurs croissantes et travaillez en partant du centre de chaque rang. Les perles en métal blanc offrent un aspect irrégulier et ancien. Si vous souhaitez accentuer cet effet, laissez le collier reposer dans une pièce humide, afin qu'il se ternisse.

2. Passez les fils dans la perle d'écartement à l'aide d'une aiguille, sans trop serrer.

Matériel
Pinces de bijoutier
Grosse aiguille

Collier
(Articles suivants
+ perles ci-contre)
2 m de fil polyester épais
12 cm de chaîne
1 crochet
1 anneau
2 grands cache-nœuds
3 amulettes assorties
218 disques de métal

MAGIE DE L'ORIENT

6 Terminez en ajoutant l'anneau à l'autre bout de la chaîne.

4 Recouvrez le nœud d'un cache-nœud. Ouvrez un maillon de la chaîne pour y attacher l'œillet.

5 Pour fixer le crochet, coupez la chaîne en deux en ouvrant un maillon du milieu (aidez-vous au besoin d'une pince). Attachez le crochet.

3 Enfilez les dernières perles sur les trois fils réunis et faites un nœud au bout. Repoussez bien le nœud contre les perles à l'aide de l'aiguille.

155
PERLES DE MÉTAL BLANC

14
TUBES DE RÉSINE TURQUOISE

2
PERLES D'ÉCARTEMENT À 3 TROUS

54
PERLES DE RÉSINE TURQUOISE OVALES

Inspiration iranienne et indienne

Les perles de ce collier seront plus difficiles à trouver, mais offrent un aperçu de ce que l'on peut réaliser avec un assortiment de perles de différentes ethnies. Nous avons associé des perles en vieil argent, un petit pendentif de cornaline et quelques perles en os d'Afghanistan. Le carré central est une perle Pumtek du Mizoram (Inde) en bois opalisé, mais existe également en matériau moderne. Les perles rondes en argent proviennent d'Iran, ainsi que les perles couleur d'ambre qui, en fait, sont en corne.

Matériel
Aiguille
Colle

Collier
(Articles suivants
+ perles ci-contre)
3 m de cordelette colorée (disponible en mercerie)
1,50 m de fil ciré
1 crochet
1 anneau fantaisie
4 perles en argent iraniennes
1 perle Pumtek
2 perles en corne travaillées
1 pendentif en argent et cornaline

2
Perles de verre jaunes

Inspiration iranienne et indienne

4 Lorsque vous avez atteint le crochet, tirez fermement la corde et rentrez les extrémités dans le tressage à l'aide d'une aiguille (sur une courte distance). Vous pouvez ajouter un point de colle aux extrémités avant de les couper bien ras. Répétez l'opération pour le deuxième côté, en attachant l'anneau.

3 Nouez la cordelette sur le fil ciré au-dessus des perles. Tressez-la en faisant une série de nœuds plats (voir Travail du fil). Nouez le crochet sur le fil ciré en laissant 2 cm entre la corde et le crochet, et rabattez le fil vers les perles. Continuez à faire des nœuds plats par-dessus le fil ciré jusqu'au crochet.

2 Une fois le pendentif réalisé, enfilez les perles du côté droit sur deux fils.

10 PERLES EN OS BLANCHES

7 PERLES EN CORNE

4 PERLES EN ARGENT AFGHANES

1 En utilisant le fil ciré en double, enfilez les perles à partir du centre : accrochez le pendentif et enfilez les perles centrales sur les quatre fils réunis.

Moyen-Orient

Bazar indien

Cette extravagante composition bleu, vert et turquoise se compose de perles de verre séparées par des barrettes en argent fantaisie et agrémentées de breloques indiennes tintinnabulantes. Un vrai plaisir pour les yeux comme pour les oreilles !

1 Regroupez les clochettes par cinq sur les anneaux. Attachez quatre de ces anneaux à l'extrémité d'épingles à œillet et enfilez les perles des pendants selon le motif. Coupez l'extrémité des épingles et recourbez-la en œillet.

2 Coupez trois longueurs de 60 cm de fil bleu et étalez-les sur votre plan de travail. Enfilez une barrette en métal blanc au centre des trois fils, le fil du haut dans le trou supérieur et les deux fils du bas dans le trou inférieur.

3 À partir du centre, enfilez les rocailles, les perles de 6 mm et les perles plates. Insérez les pendants « clochettes » sur le fil inférieur et enfilez les barrettes à intervalles réguliers.

Matériel
Pince à becs ronds
Pinces de bijoutier
Ciseaux

Collier
(Articles suivants + perles ci-contre)
1,80 m de fil bleu épais
4 sphères argentées de 3 mm
4 épingles à œillet argentées de 50 mm
8 anneaux de liaison argentés de 7 mm
2 cache-nœuds argentés
1 fermoir en métal blanc
4 grandes perles de serrage
152 rocailles violettes irisées, taille 6/0

40 clochettes indiennes en métal blanc

4 perles en métal blanc

BAZAR INDIEN 83

6 Répétez le motif de l'autre côté du collier. Avant de mettre les perles de serrage, repoussez bien les perles de façon qu'il n'y ait pas de vide. Vérifiez de nouveau avant de nouer les fils.

7 Fixez un cache-nœud sur le nœud à chaque extrémité (voir FINITION) et attachez le fermoir à l'œillet.

4 Glissez la dernière barrette et enfilez les perles du fil supérieur et des deux fils inférieurs séparément, avant de passer les trois fils ensemble dans une perle plate turquoise.

5 Fixez deux perles de serrage sur les deux fils inférieurs et repoussez-les bien avec la pince de façon que les rangs soient fermement maintenus. Coupez l'un des fils, assez près des perles de serrage, et enfilez une perle en métal blanc sur les deux fils restants, par-dessus les perles de serrage. Enfilez les trois dernières perles et nouez les fils.

22 PERLES EN VERRE PLATES DE 14 MM (10 VERTES, 6 BLEUES, 6 TURQUOISE)

58 PERLES EN VERRE DE 6 MM, BLEUES ET VERTES

4 BARRETTES EN MÉTAL BLANC À MOTIF ROND

3 BARRETTES EN MÉTAL BLANC EN FORME DE CŒUR

8 GOUTTES EN VERRE BLEUES

Pièces indiennes

Ces anneaux portant l'inscription « India 1945 » sont lourds et doivent être utilisés avec parcimonie. Ce collier fin et long les mettra parfaitement en valeur. Les perles en os et les graines rudraksha proviennent également d'Inde. Ces dernières, surnommées « œil de Siva », sont portées par les adorateurs de la divinité.

Matériel
Pince à becs ronds
Aiguille

Collier
(Articles suivants
+ perles ci-contre)
Fil de laiton
de 0,8 mm
4 m de fil noir épais
2 pièces indiennes
10 perles en os
longues à stries et
étoiles
22 perles de verre
noires de 5 mm
42 rocailles noires,
taille 7/0

Boucles d'oreilles
Fil de laiton
de 0,8 mm
2 pièces indiennes
2 épingles à œillet
dorées de 50 mm
2 attaches de boucle
d'oreille dorées
2 perles en os longues
à étoiles
4 rocailles noires,
taille 7/0

1 Commencez par former l'attache des pièces, de façon qu'elles restent à plat (voir Fil métallique). Le fil de laiton est particulièrement résistant et difficile à recourber.

2 Coupez deux segments de fil noir, l'un faisant un peu plus de 1 m, l'autre un peu moins. Accrochez une pièce au milieu du fil le plus long. Enfilez les perles des deux côtés selon le modèle, en terminant par une rocaille.

Boucles d'oreilles
Formez l'attache des pièces et accrochez-les dans l'œillet des épingles. Enfilez les perles et recourbez l'extrémité des tiges en œillet, puis fixez les attaches de boucle d'oreille.

3 Suspendez une pièce sur le fil le plus court et enfilez les perles de la même manière, en terminant par une perle en os longue à étoiles.

Pièces indiennes

4 Faites passer les deux fils dans une perle noire de 5 mm, de chaque côté.

9 Faites passer le fil libre dans la perle noire du côté gauche, nouez-le fermement et passez-le dans deux ou trois autres perles avant de couper l'extrémité.

8 À l'aide du fil rajouté, faites des nœuds de feston (voir Travail du fil) en passant par-dessus le nœud central et en cachant bien les fils qui dépassent.

7 Étalez les fils et nouez le collier à la hauteur voulue.

5 Continuez à enfiler les perles selon le même motif mais cette fois en remplaçant les rocailles par des perles noires de 5 mm.

6 Avant d'enfiler la dernière perle noire sur les fils de droite, nouez un autre fil noir de 2 m aux deux fils du collier puis glissez la perle sur les trois fils réunis.

12
PERLES EN OS LONGUES À ÉTOILES

28
PERLES EN OS CUBIQUES À ÉTOILES

14
GRAINES RUDRAKSHA, PEINTES EN OR ET BRONZE

Cœurs indiens

Ce collier massif aux couleurs chatoyantes se compose de perles en céramique bleu-vert du Rajasthan et de rocailles assorties, complétées de perles en verre bleu profond. Il est facile à réaliser mais exige toutefois un enfilage soigneux et bien régulier.

1. Coupez 30 cm de fil et passez-le autour d'un cœur en céramique.

2. Ajoutez dix-sept rocailles bleues et vertes, en alternance, pour former une boucle autour du cœur. Puis enfilez sur les deux fils une perle bleue, une perle en céramique ronde et une autre perle bleue. Séparez les fils pour les trois perles suivantes et rejoignez-les de nouveau. Continuez en suivant le modèle.

3. Séparez les fils et glissez une rocaille, une perle bleue, puis six rocailles sur chaque fil. Ajoutez un cœur entre ces fils et réunissez-les par une perle bleue. Enfilez sept rocailles sur chaque fil, puis refaites-les passer ensemble dans une perle bleue.

4. Séparez de nouveau les fils et enfilez les perles dans l'ordre habituel. Après la dernière perle en céramique, ajoutez une perle bleue puis séparez les fils et enfilez sept rocailles sur chacun. Faites des nœuds provisoires au bout des fils.

5. Passez une autre longueur de fil de 30 cm à l'intérieur du premier cœur et répétez le motif jusqu'à la fin de l'étape 3 en passant de nouveau autour du cœur central.

6. Après le cœur, enfilez les perles comme pour l'autre rang. Séparez les fils après la perle bleue et enfilez neuf rocailles, puis faites les nœuds.

Matériel
Ciseaux
Pinces de bijoutier
Colle
Aiguille

Collier
(Articles suivants
+ perles ci-contre)
4 m de fil polyester bleu épais
3 cœurs en céramique
2 gros cache-nœuds
1 fermoir

Cœurs indiens

7 Coupez deux longueurs de fil de 70 cm et enfilez treize rocailles, en alternant les couleurs, au milieu de chaque fil. Faites-les passer autour du premier cœur, puis réunissez chaque double fil en le passant dans une perle bleue. Enfilez une perle en céramique ovale sur les quatre fils réunis.

8 Séparez de nouveau les fils et continuez en suivant le modèle.

9 Répétez le motif sur chaque double fil et passez les quatre fils dans une perle en céramique ovale.

10 Ensuite, passez chaque double fil dans une perle bleue puis séparez-les et enfilez cinq rocailles. Répétez l'opération six fois sur chaque double fil, puis passez les quatre fils dans une perle bleue.

11 Terminez ce côté en faisant un nœud et en le couvrant d'un cache-nœud (voir Finition).

12 Répétez toutes les étapes pour ce côté du collier. Lorsque les deux côtés sont terminés, attachez le fermoir aux œillets.

13 Lorsque le résultat vous satisfait, défaites les nœuds provisoires et refaites-les un par un à l'aide d'une aiguille (voir Finition). Lorsque les nœuds sont bien serrés, ajoutez un point de colle pour les consolider et coupez les extrémités.

8 PERLES EN CÉRAMIQUE OVALES

112 PERLES EN VERRE BLEUES DE 5 MM

28 PERLES EN CÉRAMIQUE RONDES

708 ROCAILLES BLEUES ET VERTES, TAILLE 6/0

Extrême-Orient

L'Extrême-Orient évoque une contrée où le jade et les perles se mêlaient à la soie et aux épices sur ces anciennes routes commerciales à destination de la Russie et de l'Amérique du Sud. Aujourd'hui, le commerce a changé mais il reste dans ces pays une variété extraordinaire de perles de toutes formes et de toutes textures.

La Thaïlande produit des perles en céramique et des perles en laque et en métal autrefois façonnées par les Khmers, et Bangkok constitue un grand centre de perles semi-précieuses. Les Philippines fabriquent des perles en bois décoré, en coquillage et en corail, l'Indonésie des perles sculptées en matériaux naturels et en verre, et Bali de belles perles en argent.

Les Chinois fabriquent des perles en verre depuis près de 3000 ans, destinées autant à l'usage quotidien qu'à l'exportation. L'émaillage est une technique originaire de l'Occident, mais les Chinois l'ont vite maîtrisée et produisent de ravissantes perles en émail cloisonné, ainsi que des perles en cinabre et en porcelaine, issues d'une longue tradition artisanale. Les Japonais ont également contribué à enrichir le patrimoine mondial des perles, notamment avec leurs ojimes.

Cinabre chinois

Les petits personnages argentés ajoutent une note originale aux riches couleurs rouille utilisées dans cette création. Les anneaux en jaspe complètent harmonieusement l'ensemble et les perles en cinabre véritable sont le résultat d'innombrables couches de laque, colorées à la teinture rouge de cinabre avant d'être sculptées.

Matériel
Pince à becs ronds
Pinces de bijoutier
Aiguille

Collier
(Articles suivants + perles ci-contre)
2 m au moins de fil rouge épais
1 pendentif argenté
2 cache-nœuds
1 fermoir

Boucles d'oreilles
2 figurines argentées
2 épingles à œillet de 50 mm
2 attaches de boucle d'oreille argentées
2 perles en cinabre rondes
4 rocailles gris foncé, taille 7/0

1. Coupez deux longueurs de fil de 1 m chacune et glissez-les dans le pendentif par leur milieu.

2. Enfilez une perle « bambou » sur les quatre fils, puis séparez ceux-ci en deux. Les instructions suivantes s'appliquent aux deux côtés. Continuez à enfiler les perles selon le modèle, en séparant et reliant les fils. Aidez-vous d'une aiguille pour enfiler les figurines.

8
Perles en cinabre rondes

3
Perles en plastique lourd « bambou »

6
Perles en cinabre ovales

2
Anneaux en jaspe

CINABRE CHINOIS

3 À ce niveau, enfilez cinq rocailles sur chaque fil, placez l'anneau entre les fils et réunissez de nouveau les fils par une perle en argile.

5 Continuez à enfiler les perles selon le modèle.

4 Séparez les fils, ajoutez cinq rocailles sur chacun de l'autre côté de l'anneau et réunissez-les par une perle en cinabre ronde.

6 Terminez en passant les deux fils dans une perle en argile, puis repoussez bien les perles vers le pendentif et nouez les extrémités. Enfin, couvrez le nœud d'un cache-nœud (voir FINITION) et fixez un fermoir.

BOUCLES D'OREILLES
Pour réaliser les boucles d'oreilles, enfilez la figurine et les perles sur chaque épingle. Recourbez l'extrémité et ajoutez l'attache de boucle d'oreille.

142
ROCAILLES GRIS FONCÉ, TAILLE 7/0

72
PERLES EN ARGILE MARRON

6
FIGURINES ARGENTÉES

PORCELAINE CHINOISE

CES EXQUISES PERLES EN PORCELAINE ORNÉES DE MOTIFS TRADITIONNELS SONT PROBABLEMENT LES PLUS CONNUES. DANS CE COLLIER, TROIS RANGS DE PERLES DE TAILLES ET DE FORMES DIFFÉRENTES SONT EMMÊLÉS POUR FORMER UNE ÉPAISSE TORSADE. LES BOUCLES D'OREILLES ASSORTIES AJOUTENT À L'EFFET D'ENSEMBLE.

1 Coupez le fil en trois longueurs égales et préparez votre motif. Utilisez les plus petites perles sur les côtés et ajoutez les grosses au fur et à mesure que vous progressez. Torsadez les rangs de temps à autre pour juger de l'effet final.

MATÉRIEL
Pince à becs ronds
Pinces de bijoutier
Ciseaux

COLLIER
(Articles suivants + perles ci-contre)
1,59 m de fil polyester bleu épais
1 anneau de liaison de 8 mm
12 perles de serrage
2 fermoirs argentés en spirale, à crochet

185 ROCAILLES VIOLETTES, TAILLE 6/0

69 PERLES EN PORCELAINE DE 6 MM (33 RAYÉES, 36 DÉCORÉES)

Porcelaine chinoise

3 Resserrez doucement le crochet d'un des fermoirs sur l'anneau. Torsadez le collier plusieurs fois avant de le porter.

2 À chaque extrémité des fils, alternez deux perles de serrage et une rocaille ; passez les fils dans les œillets des fermoirs, en croisant les rangs du bas et du milieu avant d'écraser les perles de serrage fermement.

4 Enfilez les perles sur les épingles. Recourbez le bout de la petite épingle et accrochez-le à l'œillet de l'épingle centrale. Recourbez l'extrémité des autres tiges et ouvrez leur œillet latéralement pour les accrocher aux œillets des spirales. Assurez-vous que les œillets sont orientés dans le même sens. Enfin, ajoutez les attaches de boucle d'oreille.

12
PERLES EN
PORCELAINE PLATES

12
PERLES EN
PORCELAINE OVALES

45
PERLES BLEUES
DE 6 MM

12
PERLES IRISÉES
DE 6 MM

Boucles d'oreilles
6 épingles à œillet de 50 mm
2 épingles à œillet de 25 mm
2 attaches de boucle d'oreille
6 perles en porcelaine ovales
2 perles en porcelaine plates
4 perles en porcelaine décorées de 6 mm
6 perles en porcelaine rayées de 6 mm
2 perles bleues de 6 mm
28 rocailles violettes, taille 6/0

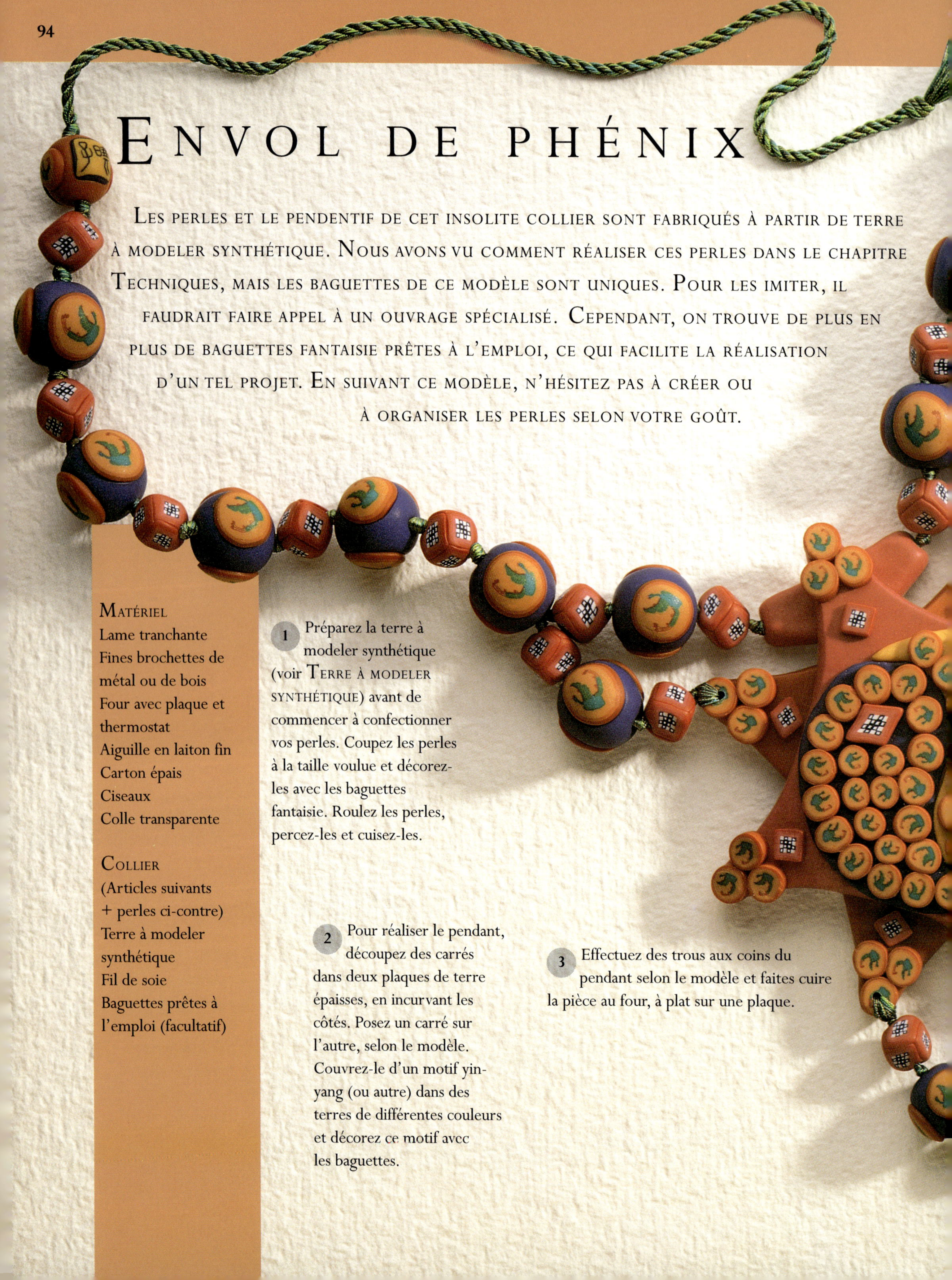

Envol de phénix

Les perles et le pendentif de cet insolite collier sont fabriqués à partir de terre à modeler synthétique. Nous avons vu comment réaliser ces perles dans le chapitre Techniques, mais les baguettes de ce modèle sont uniques. Pour les imiter, il faudrait faire appel à un ouvrage spécialisé. Cependant, on trouve de plus en plus de baguettes fantaisie prêtes à l'emploi, ce qui facilite la réalisation d'un tel projet. En suivant ce modèle, n'hésitez pas à créer ou à organiser les perles selon votre goût.

Matériel
Lame tranchante
Fines brochettes de métal ou de bois
Four avec plaque et thermostat
Aiguille en laiton fin
Carton épais
Ciseaux
Colle transparente

Collier
(Articles suivants + perles ci-contre)
Terre à modeler synthétique
Fil de soie
Baguettes prêtes à l'emploi (facultatif)

1 Préparez la terre à modeler synthétique (voir Terre à modeler synthétique) avant de commencer à confectionner vos perles. Coupez les perles à la taille voulue et décorez-les avec les baguettes fantaisie. Roulez les perles, percez-les et cuisez-les.

2 Pour réaliser le pendant, découpez des carrés dans deux plaques de terre épaisses, en incurvant les côtés. Posez un carré sur l'autre, selon le modèle. Couvrez-le d'un motif yin-yang (ou autre) dans des terres de différentes couleurs et décorez ce motif avec les baguettes.

3 Effectuez des trous aux coins du pendant selon le modèle et faites cuire la pièce au four, à plat sur une plaque.

4. Coupez quatorze fils de soie de 5 m chacun. Nous avons utilisé sept couleurs différentes. Vous enfilerez les perles à l'aide de l'aiguille en laiton.

5. Coupez un tiers de longueur et enfilez la première perle. Laissez une bonne longueur de fil et faites un nœud. Ajoutez deux autres perles en faisant un nœud derrière chacune. Passez le fil dans la pièce supérieure du pendant.

6. Ajoutez trois perles de la même façon de l'autre côté en laissant de nouveau une bonne longueur de fil.

7. Coupez un autre tiers de longueur. Laissez un grand segment de fil et ajoutez trois perles. Faites un nœud en tête d'alouette derrière le pendant de façon qu'il ressorte par le trou d'un coin. Ajoutez un autre nœud puis enfilez les perles en faisant un nœud entre chaque.

8. Nouez les deux cordes ensemble. Enfilez les dernières perles de ce côté en faisant un nœud entre chaque.

26
PERLES EN TERRE CUBIQUES

17
GROSSES PERLES EN TERRE RONDES

9. Répétez les étapes 7 et 8 pour l'autre côté.

10. Torsadez les cordes après le nœud de la dernière perle (voir TRAVAIL DU FIL).

11. Coupez d'autres fils pour les perles suspendues. Commencez à partir du bas en laissant une longueur de fil, formez un nœud en tête d'alouette sur le coin du pendant puis refaites passer le fil jusqu'en bas et confectionnez un gland à l'extrémité (voir TRAVAIL DU FIL).

Perles « oiseau » indonésiennes

Ce collier tout simple est réalisé avec de très jolies perles lourdes. Les perles en argent et le crochet fantaisie proviennent de Bali, un grand centre d'artisanat. Les perles en verre sont des copies des perles « oiseau » traditionnelles, très onéreuses. Le collier se termine par un tressage élaboré, qui fait écho à l'œil rouge des « oiseaux ».

1 Coupez une longueur de lacet de 50 cm pour enfiler les perles. Si vous ne trouvez pas d'aiguille assez large, fabriquez-en une avec la crinelle.

Matériel
Ciseaux
Colle
Petit segment de crinelle ou aiguille

Collier
(Articles suivants + perles ci-contre)
2,50 m de lacet rouge
2 embouts coniques argentés
4 disques plats argentés
1 crochet argenté et
2 anneaux de liaison

8 Tandis que vous nouez les nouveaux lacets, tirez les nœuds à l'intérieur du cône au moment où vous les faites. Lorsque les quatre premiers nœuds sont faits et cachés dans le cône, vous pouvez retirer le bout de crinelle du cône. Nouez et terminez ce côté comme l'autre.

7 Cette extrémité est tressée de la même façon que l'autre, mais il faut pouvoir glisser les nœuds à l'intérieur du cône. Passez un bout de crinelle replié dans le cône depuis le côté le plus large et passez-la autour du lacet central et des nouveaux lacets.

Perles « oiseau » indonésiennes 97

3 Coupez 1 m de lacet pour réaliser le tressage de ce côté-ci. Repoussez légèrement les perles et attachez le lacet central au nouveau, utilisé en double. Effectuez quatre demi-nœuds (voir Travail du fil) et faites-les rentrer fermement dans le cône pour cacher la jonction des lacets.

4 Faites encore un demi-nœud et enfilez une perle en verre de 5 mm sur le lacet central. Continuez à nouer normalement, en intégrant la perle dans le tressage. Faites trois demi-nœuds et ajoutez une autre perle. Continuez jusqu'à ce que vous ayez enfilé cinq perles.

5 Décidez de la longueur du collier et attachez le lacet central à l'anneau de liaison suspendu au crochet. Repliez le lacet vers les perles et continuez à nouer par-dessus les deux bouts du lacet central.

2 Enfilez un cône puis les perles, les disques et le second cône. Placez le tout bien au milieu du lacet.

6 Lorsque vous avez noué jusqu'au crochet, tirez les lacets aussi fermement que possible. Terminez en rentrant les extrémités dans le tressage à l'aide de l'aiguille en crinelle. Ajoutez un point de colle transparente sur les extrémités avant de les couper.

10
PERLES « OISEAU »
EN VERRE

3
PERLES RONDES
EN ARGENT

10
PERLES EN VERRE
NOIRES DE 5 MM

2
PERLES TUBULAIRES
EN ARGENT

Perles et macramé

Le fil de lin naturel et le coton à broder forment un support idéal pour mettre en valeur quelques ravissantes perles et un pendentif chinois délicatement sculpté à la main. Il vous faudra sans doute apprendre de nouvelles techniques et faire preuve de patience, mais le résultat en vaut la peine.

1. Réalisez un dessin grandeur nature du collier et délimitez-le par des épingles sur le carton pour pouvoir travailler dessus.

2. Coupez six longueurs de fils de 3 m pour chaque côté et faites-les passer dans le pendentif, de façon qu'ils soient doubles. Faites un nœud plat (voir Travail du fil) en utilisant les fils extérieurs autour des autres fils.

3. Épinglez les deux fils de gauche à l'écart des autres, puis faites des demi-clés de gauche à droite (voir Travail du fil).

4. Épinglez de nouveau de ce côté et en utilisant les deux mêmes fils, faites des demi-clés de droite à gauche (voir Travail du fil). Continuez à former des zigzag en épinglant les coins, sur 5 cm.

5. Prenez quatre fils à gauche et faites des nœuds plats sur 5 cm, en utilisant deux fils porteurs. Faites de même du côté droit. Au milieu, enfilez la grande perle cylindrique en faisant des nœuds plats de chaque côté pour bien maintenir la perle en place.

Matériel
Carton de nouage
Épingles
Ciseaux
Aiguille solide

Collier
(Articles suivants
+ perles ci-contre)
36 m de corde de lin
à cinq fils, légèrement
cirée
Coton à broder en
trois couleurs
1 pendentif chinois en
serpentine
4 perles en verre
de 8 mm
2 perles
indonésiennes en noix
de Pochuck
de 10 mm
(à trou large)
1 perle oblongue

13. Répétez les étapes 2 et 3 pour ce côté.

14. En utilisant la première couleur de coton à broder, effectuez deux rangs et demi de demi-clés verticales en laissant le reste du fil pendre avec le fil de nouage.

15. Commencez la deuxième couleur sur le fil n° 7 et travaillez vers la droite. Faites ensuite un rang complet puis un troisième jusqu'au fil n° 8. Faites vos nœuds par-dessus le fil restant de la couleur précédente.

16. Commencez la troisième couleur là où finit la deuxième et effectuez deux autres rangs, plus un troisième jusqu'au fil n° 7, sans oublier de travailler par-dessus le fil restant de la deuxième couleur. Continuez ainsi en suivant le modèle.

17. Effectuez un rang de demi-clés en travaillant par-dessus les cotons de couleur. Coupez les extrémités et faites un autre rang de demi-clés. Ajoutez deux perles de verre, comme dans l'étape 6.

Perles et macramé

6 En utilisant deux fils de gauche comme fils de nouage, effectuez des demi-clés en travaillant de gauche à droite, puis de droite à gauche. Enfilez les deux perles de verre sur les quatrième et neuvième fils en partant de la gauche. Faites deux autres rangs de demi-clés.

7 En séparant les fils en trois groupes de quatre, effectuez six demi-nœuds.

8 En laissant les deux fils extérieurs de chaque côté, faites des nœuds plats avec les fils n°s 3 à 6 et 7 à 10, en insérant la perle plate sur les fils du milieu. Répétez la série de nœuds plats et de demi-nœuds.

9 Répétez l'étape 4 sur 2,5 cm.

10 Séparez les fils en deux groupes et faites des demi-nœuds sur 4 cm. Coupez deux fils du milieu de chaque groupe pendant que vous travaillez et enfilez une perle en noix de Pochuk sur les fils restants.

11 Faites passer les fils dans la perle oblongue, que vous placerez à 4 cm de la dernière perle. Fixez la perle oblongue avec des épingles, retournez le carton et faites une série de nœuds plats vers la perle Pochuk.

12 Coupez tous les fils du centre au ras de la perle, sauf ceux qui vous servent à faire les nœuds. Pour terminer, faites un nœud plat, puis faites passer vos fils dans la perle Pochuk à l'aide d'une aiguille ou de fil de fer et coupez les bouts qui dépassent.

18 Alternez les rangs de nœuds plats tous les deux nœuds, sur sept rangs.

19 Effectuez un autre rang de demi-clés de gauche à droite et enfilez la perle cylindrique sur les quatre fils du centre, en faisant un nœud simple de chaque côté (voir Travail du fil).

20 Répétez l'étape 4.

21 Répétez l'étape 10.

22 Commencez à faire des nœuds plats à 4 cm de la perle, sur 4,5 cm. Tournez ensuite le carton et, en formant la bride, faites des nœuds plats jusqu'à la perle, en travaillant sur tous les fils. Terminez ce côté comme le premier.

2 PERLES CYLINDRIQUES ASSORTIES

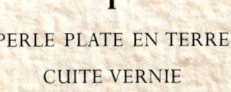

1 PERLE PLATE EN TERRE CUITE VERNIE

Argent de Thaïlande

Vous ferez sensation en portant cette somptueuse ceinture en argent. Les perles sont fabriquées en Thaïlande, selon des techniques rapportées du Cambodge par les artisans khmers.

Matériel
Pinces de bijoutier
Grosses aiguilles
Petites aiguilles
Ciseaux
Colle

Ceinture
(Articles suivants
+ perles ci-contre)
12 m de fil polyester noir épais
2 anneaux de liaison de 5 mm
1 crochet en argent
2 perles ellipsoïdales décorées
4 perles rondes décorées de taille moyenne

Glands
1,50 m de fil polyester noir épais
3 petits « S »
3 grosses perles rondes décorées
6 perles rondes décorées de taille moyenne
15 petites perles tubes
225 perles « grain de sable »
2 petites perles rondes décorées
15 perles de serrage
30 perles unies de 4 mm

1 Coupez le fil en deux et enfilez chaque moitié dans une aiguille solide mais fine. Glissez les aiguilles au milieu de chaque fil de façon à travailler sur deux longueurs doubles. Nouez les deux paires de fils ensemble sur un anneau de liaison et ajoutez un point de colle pour consolider le nœud.

2 Lorsque la colle est sèche, placez une petite perle décorée au-dessus du nœud et enfilez les deux perles suivantes.

3 Séparez les fils et enfilez sur chaque double fil trois petites perles unies et une petite perle décorée. Passez les deux fils dans une grande perle à quatre trous en les croisant à l'intérieur. Ajoutez de chaque côté une petite perle décorée et une petite perle unie.

* Réduisez le nombre de perles tubes et de perles unies pour faire une ceinture plus courte, celle-ci étant très longue.

4 Enfilez une perle tube en croisant les fils à l'intérieur et continuez avec 14 tubes, séparés par deux perles unies (voir Tissage des perles). À intervalles réguliers, faites un nœud à l'intérieur des tubes pour plus de solidité. Pour cela, nouez les fils à l'extérieur du tube et tirez le nœud à l'intérieur avec le fil opposé.

5 Continuez en croisant les fils dans une perle à quatre trous, comme auparavant, et entamez une nouvelle série de 17 tubes. Répétez cette étape deux fois.

6 grosses perles à 4 trous

ARGENT DE THAÏLANDE 101

7 Enfilez la dernière perle à quatre trous et terminez par trois petites perles unies de chaque côté.

8 Nouez les fils ensemble et encollez le nœud pour le consolider. Lorsque la colle est sèche, enfilez une perle pour couvrir le nœud, puis deux autres perles avant de nouer les fils sur l'anneau de liaison. Refaites passer les fils dans les perles décorées, puis ajoutez un point de colle sur le nœud de l'anneau. Lorsque vous tirerez les fils pour faire rentrer l'anneau dans la dernière perle, la colle maintiendra le nœud. Une fois le nœud bien solide, attachez le crochet à l'anneau.

6 Enfilez la cinquième perle à quatre trous et continuez par 20 tubes.

192*
PERLES RONDES
UNIES DE 4 MM

24
PETITES PERLES
RONDES DÉCORÉES

9 Pour chaque gland, coupez cinq longueurs de fil noir de 10 cm et fixez-les à un anneau en S avec des perles de serrage. Enfilez les perles, la première recouvrant les perles de serrage.

86*
PERLES TUBES

10 Enfilez 15 perles « grain de sable » sur chaque fil, puis une perle unie et un tube décoré. Repoussez bien les perles et déposez une goutte de colle à l'endroit où la dernière perle unie sera placée. Enfilez la perle et, lorsque la colle est sèche, coupez les fils ras.

Émail chinois

Cet ensemble raffiné fait la part belle aux perles émaillées. La Chine est riche d'une longue tradition de travail des perles et en produit aujourd'hui de toutes sortes pour le marché international. Les perles « arc-en-ciel » employées ici ajoutent encore au charme délicat de l'émail.

Matériel
Pince à becs ronds
Pince coupante
2 aiguilles
Colle

Tour de cou
(Articles suivants + perles ci-contre)
1,20 m de fil polyester fin
74 sphères argentées de 3 mm
7 épingles à œillet de 50 mm
1 fermoir

Boucles d'oreilles
10 sphères argentées de 3 mm
2 épingles à œillet de 50 mm
4 épingles à œillet de 38 mm
2 attaches de boucle d'oreille
2 perles émaillées tubes
2 perles émaillées rondes
2 perles émaillées à motif cloisonné

Boucles d'oreilles

1. Pour réaliser les trois parties des boucles d'oreilles, enfilez chaque série de perles sur une épingle à œillet et recourbez le bout de la tige pour former un œillet.

2. Ouvrez l'œillet supérieur des épingles pour réunir les différentes parties. Refermez-les soigneusement et ajoutez les attaches.

5
perles émaillées rondes

15
perles émaillées tubes

74
sphères argentées de 3 mm

ÉMAIL CHINOIS 103

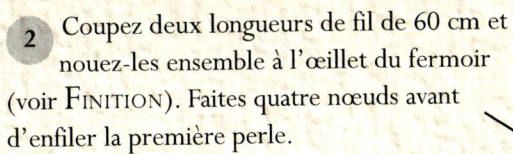

2 Coupez deux longueurs de fil de 60 cm et nouez-les ensemble à l'œillet du fermoir (voir FINITION). Faites quatre nœuds avant d'enfiler la première perle.

5 Répétez le motif de l'autre côté en prenant soin de bien serrer les perles. Terminez par un nœud sur le crochet du fermoir.

3 Enfilez les sphères argentées et les perles « arc-en-ciel » sur les deux fils. Séparez les fils et enfilez sur chacun d'eux une sphère argentée, suivie d'une perle tube et d'une autre sphère. Réunissez les fils de nouveau et continuez suivant le modèle.

1 Confectionnez d'abord les pendants, de la même façon que des pendants d'oreilles droits (voir FIL MÉTALLIQUE).

4 Enfilez les pendants selon le modèle.

BROCHE
Réalisez les pendants de la broche. Coupez l'extrémité des épingles avant de les recourber en œillets. Ouvrez les œillets latéralement pour suspendre les pendants au support.

24
PERLES
« ARC-EN-CIEL »

BROCHE
1 épingle de broche avec des anneaux
12 sphères argentées de 3 mm
4 épingles à œillet de 50 mm
2 perles émaillées tubes
1 perle émaillée ronde
1 perle émaillée à motif cloisonné
2 perles en verre bleues de 5 mm
4 perles « arc-en-ciel »

OISEAUX DE PARADIS

Les perles de ce collier original proviennent de multiples sources, mais le résultat, avec ses fruits, ses fleurs et ses oiseaux exotiques, évoque la chaleur des îles tropicales. À condition de préparer les différentes pièces à l'avance, le collier est très simple à réaliser et égaiera les tenues les plus sobres.

Matériel
Pinces de bijoutier
Pince à becs ronds
Pince coupante

Collier
(Articles suivants + perles ci-contre)
Crinelle
5 épingles à tête de 50 mm
17 épingles à tête de 38 mm
2 épingles à œillet de 50 mm
1 fermoir
Perles de serrage
2 fleurs moyennes
13 grosses perles laquées (8 grosses et 5 petites)
2 perles en plastique décorées
2 perles coniques
2 perles en verre rayées
87 billes de verre montées sur fil métallique
5 perles rondes en bois de 8 mm
8 perles en bois noires de 10 mm
50 rocailles bleues, taille 7/0
2 rocailles noires, taille 8/0
5 perles en verre bleues

1. Enroulez une épingle à œillet autour des oiseaux en passant la tige dans l'œillet. Enfilez trois rocailles bleues et recourbez l'extrémité.

2. Les fruits sont pourvus d'une tige en fil de fer. Enfilez un long tube sur chaque tige et recourbez l'extrémité.

9 LONGS TUBES EN VERRE

1 TRÈS GROSSE FLEUR

2 OISEAUX EXOTIQUES

OISEAUX DE PARADIS

8 Répétez le motif sur l'autre côté, sans chercher à rendre le collier parfaitement symétrique. Enfilez les perles unies et terminez par un cône, comme de l'autre côté. Fixez l'autre partie du fermoir avec des perles de serrage.

7 Ajoutez peu à peu les oiseaux et les fleurs, en en gardant suffisamment pour l'autre côté.

6 Coupez 50 cm environ de crinelle et fixez le fermoir à une extrémité avec des perles de serrage. Enfilez une série de perles unies, puis composez un riche bouquet de perles et de fruits. Incorporez les billes bleues en les enfilant comme des perles.

5 Recourbez l'extrémité des billes de verre.

4 Enfilez quatre perles en soie moyennes, six perles laquées et six perles en bois de 8 mm sur des épingles à tête de 38 mm, avec une rocaille de chaque côté. Recourbez l'extrémité des épingles après les avoir coupées à la bonne longueur.

3 Enfilez cinq petites perles en soie sur des épingles à tête de 50 mm, en les faisant précéder d'une rocaille et suivre d'un long tube. Recourbez l'extrémité des épingles.

2
RONDELLES EN BOIS

6
PERLES EN SOIE MOYENNES

13
PETITES PERLES EN SOIE

5
FRUITS ASSORTIS

Jade Soo Chow

Ce splendide tour de cou associe le jade Soo Chow aux perles d'eau douce. La pièce centrale, assortie aux boucles d'oreilles, est en serpentine sculptée. Il en résulte un bijou très oriental, plein de fraîcheur et d'une grande élégance.

Matériel
Pinces de bijoutier
Ciseaux
Aiguille
Pince à becs ronds

Collier
(Articles suivants
+ perles ci-contre)
8 m de fil polyester blanc fin
Petite longueur de chaîne
1 pendant en serpentine
4 barrettes en plastique métallisé
2 calottes
1 anneau à ressort
2 épingles à œillet de 25 mm
(ou fil métallique de 0,8 mm)
8 perles de serrage

Boucles d'oreilles
2 pendants en serpentine
2 perles de jade de 6 mm
8 perles de jades de 4 mm
16 perles d'eau douce
2 cache-nœuds
2 attaches de boucle d'oreille

1. Coupez quatre longueurs de fil de 1 m et attachez-les en double aux trous de droite du pendant en serpentine. Enfilez une perle d'eau douce, une perle de jade de 4 mm puis une autre perle d'eau douce sur chaque fil.

2
RANGS DE
PERLES D'EAU
DOUCE

1
RANG DE PERLES
DE JADE
DE 6 MM

2
RANGS DE PERLES
DE JADE
DE 4 MM

3 Enfilez les deux fils de gauche dans le trou supérieur de la barrette, les quatre fils du milieu dans le trou central et les deux fils de droite dans le trou inférieur.

4 Pour cette partie du collier, les deux fils de gauche et les deux fils de droite restent ensemble et les quatre fils du centre sont séparés. Enfilez la deuxième barrette.

6 Répétez les différentes étapes pour l'autre côté du collier et resserrez bien les perles.

5 Regroupez ensuite les quatre fils du milieu par deux. Enfilez une perle d'eau douce sur chaque double fil puis continuez selon le modèle en alternant les perles de jade de 4 et 6 mm quatre fois de suite. Enfin, ajoutez onze perles de jade de 4 mm.

2 Enfilez une perle de jade de 6 mm sur chaque double fil et répétez l'étape 1.

7 Terminez par les calottes (voir FINITION) ; utilisez les épingles à œillet pour retenir les boucles maintenues par des perles de serrage.

8 Coupez deux longueurs de chaîne, l'une plus longue que l'autre, et attachez-les aux épingles à œillet. Fixez un anneau à ressort sur la chaîne la plus courte. Vous pourrez le passer dans n'importe quel maillon de l'autre chaîne selon la longueur désirée.

BOUCLES D'OREILLES

1 Suspendez le pendant en serpentine à deux petits restes de fil plié en deux. Enfilez une perle d'eau douce, une perle de jade de 4 mm et une autre perle d'eau douce sur chaque fil, puis enfilez une perle de jade de 6 mm sur les fils réunis.

2 Nouez les fils et ajoutez un cache-nœud (voir FINITION). Coupez les extrémités des fils et fixez une attache.

Depuis l'époque reculée des bijoux en os et en coquillage, le continent s'est enrichi des célèbres perles en poudre de verre et des somptueuses perles Bodom du Ghana, de perles en verre de Bida au Nigeria, de perles en argile du Maroc, de perles Kiffa de Mauritanie, de perles en os teintes du Kenya et de meerschaum de Tanzanie, sans oublier les perles en argent d'Ethiopie.

Au faîte de la période coloniale, les perles européennes furent échangées par milliers de tonnes contre de l'or, de l'huile de palme et des esclaves. Ces perles arboraient des centaines de couleurs et de motifs différents, des perles chevron aux petites rocailles utilisées dans ces bijoux tissés si caractéristiques de la culture africaine.

Afrique

Depuis la nuit des temps, les perles revêtent une importance considérable en Afrique, que ce soit pour leur signification monétaire, sociale, religieuse ou culturelle. Des perles très anciennes ont été retrouvées dans des sites funéraires, autour d'anciens puits où se tenaient des échanges commerciaux et même dans des lacs et des rivières où on les avait jetées pour apaiser les eaux.

# Afrique

Bronze Baoulé

Le pendant et les ravissantes perles dorées de ce collier sont façonnés selon la technique de la cire perdue par le peuple baoulé de Côte-d'Ivoire. Les perles dorées sont entourées de petites perles vénitiennes unies et rayées et de quelques grosses perles ghanéennes, réalisées à partir d'une poudre de verre versée dans des moules et décorées en couches successives pendant la cuisson.

Matériel
Pince à becs ronds
Ciseaux
Aiguille
Colle

Collier
(Articles suivants
+ perles ci-contre)
2,25 m de fil
1 crochet et
1 œillet, ou fil
métallique
pour les faire.
1 pendant

1 Coupez trois longueurs de fil de 75 cm et glissez le pendant au milieu des trois fils. Enfilez une perle plate baoulé sur les six fils réunis.

2 Séparez de nouveau les fils en deux groupes de trois. Sur chaque fil, enfile trois perles vénitiennes et deux perles plates en alternance, puis réunissez les trois fils par une perle plate e une perle en poudre de verre

3 Séparez les fils et enfilez sur chacun d'eux trois perles vénitiennes et deux perles plates alternées, puis réunissez-les par une perle plate.

20
LONGUES PERLES
BAOULÉ

Bronze baoulé

7. Répétez l'étape 4.

8. Poursuivez l'enfilage et terminez par une longue perle baoulé sur les trois fils réunis.

6. Ajoutez une nouvelle perle en poudre de verre.

5. Séparez les fils et enfilez sur chacun d'eux une perle vénitienne, une perle plate et une autre perle vénitienne, puis réunissez-les par une perle plate.

4. Ajoutez une perle plate, puis séparez les fils et enfilez sur chacun d'eux une perle vénitienne, une longue perle baoulé et une autre perle vénitienne. Réunissez les fils par une perle plate.

9. Continuez par une série de demi-nœuds (voir TRAVAIL DU FIL). Ajoutez un crochet et un œillet dans le tressage de chaque côté, en guise de fermoir (voir FIL MÉTALLIQUE).

10. Rentrez le bout des fils dans le tressage à l'aide d'une aiguille et ajoutez un point de colle avant de les couper.

42
PERLES PLATES
BAOULÉ

4
PERLES EN
POUDRE DE
VERRE

84
PETITES PERLES
VÉNITIENNES
UNIES ET RAYÉES

Spirales africaines

Ce collier se compose de petites perles en poudre de verre fabriquées au Ghana. Les artisans cuisent les perles dans des moules et les teintent pour former divers motifs colorés. Les petits pendentifs en verre, manufacturés en République tchèque pour le marché africain, sont des copies de Talhakimt, les perles touareg traditionnelles.

Matériel
Pince à becs ronds
Aiguille
Ruban adhésif

Collier
(Articles suivants + perles ci-contre)
1,60 m de fil métallique argenté de 0,8 mm
5 m de fil bleu épais
4 m de fil jaune épais
18 épingles à œillet de 25 mm
9 pendants talhakimt (6 bleus, 3 jaunes)
103 perles bleues à facettes

1 Coupez plusieurs longueurs de fil métallique pour faire les spirales (voir FIL MÉTALLIQUE).

2 Ouvrez les œillets des épingles et suspendez-y les spirales. Enfilez les perles et recourbez l'extrémité des tiges. Les œillets de chaque pendant doivent être orientés dans le même sens.

3 Coupez une longueur de 3,5 cm de fil métallique, formez une boucle large en bas et suspendez-y un talhakimt bleu. Enfilez les perles selon le modèle et recourbez l'extrémité en un plus petit œillet, orienté dans le même sens. Faites un deuxième pendentif de la même façon.

4 Coupez une longueur de 4 cm de fil métallique et répétez l'étape 3, en ajoutant une perle en spirale. Fabriquez un autre pendentif bleu et deux jaunes de la même manière. Faites celui du centre en orientant la boucle supérieure de face.

5 Coupez deux longueurs de fil bleu de 1,50 m et enfilez une perle à facettes sur les deux à la fois. Poussez la perle en laissant 30 cm de fil, et commencez à tisser le motif (voir Tissage des perles).

6 Après cinq séquences, glissez le premier pendentif sur le fil inférieur juste avant d'enfiler la perle suivante. Continuez ainsi en plaçant les spirales à l'extérieur et en intercalant les talhakimt, jusqu'au centre.

Spirales africaines

12 Répétez les diverses étapes pour l'autre côté du collier.

11 Lorsque vous arrivez au talhakimt, défaites les nœuds provisoires, enroulez deux longs bouts de fil très serré autour des extrémités, et nouez-les. À l'aide d'une aiguille, rentrez les bouts dans le tressage, puis coupez toutes les extrémités avec soin.

8 Ajoutez 1 m de fil jaune et effectuez deux demi-nœuds par-dessus les fils (voir Travail du Fil). Faites un nœud provisoire en bas.

10 Passez votre nouvelle longueur tressée autour du tressage au bout du collier, en laissant le talhakimt d'un côté. Tressez les trois longueurs.

7 À présent, suspendez le pendentif central, qui a un œillet différent. Pour cela, enfilez les perles du motif, puis ouvrez l'œillet et accrochez-le aux deux fils qui passent par la perle centrale. Refermez l'œillet et continuez.

9 Coupez 1 m de fil jaune et 1 m de fil bleu et passez-les dans le talhakimt d'extrémité, pour que celui-ci soit au milieu. Effectuez une autre longueur de demi-nœuds en commençant à partir du talhakimt.

50 PERLES EN ARGILE MAROCAINES

25 PERLES EN POUDRE DE VERRE

12 PERLES EN SPIRALE

Afrique

Trésors du souk

Ce collier est très caractéristique des bijoux berbères. La plupart des perles viennent du Maroc, mais si vous ne parvenez pas à trouver exactement les mêmes, inspirez-vous de la forme et des couleurs pour créer une composition harmonieuse. À défaut de main de Fatima, vous pouvez choisir un ornement berbère en émail, par exemple.

1 Coupez trois longueurs de fil de 1 m et passez-les dans la boucle du pendentif.

2 Travaillez les deux côtés du collier en séparant d'abord les trois fils. Enfilez une perle en argile, une perle corail et une perle en argile.

3 Enfilez une grosse perle en céramique marocaine sur les trois fils réunis, en vous aidant d'une aiguille.

4 Répétez l'étape 2 puis glissez une grosse perle thaï, une perle en céramique marocaine et une autre perle thaï.

Matériel
Pinces de bijoutier
Ciseaux
Aiguille

Collier
(Articles suivants
+ perles ci-contre)
3 m de fil bleu épais
1 main de Fatima
2 embouts coniques en argent
1 crochet en argent
2 anneaux argentés
14 perles de serrage
4 grosses perles thaï argentées

146
PETITES PERLES
EN ARGILE
MAROCAINES

12
PETITES PERLES
THAÏ
EN ARGENT

Trésors du souk

5 Continuez suivant le modèle en séparant les plus grosses perles par une série de perles en argile et de perles corail.

6 Repoussez bien les perles pour éviter les vides puis enfilez trois perles en argile au bout des trois fils.

7 Maintenez les rangs ensemble à l'aide de cinq perles de serrage : fixez une perle de serrage sur deux fils, puis une autre sur deux autres fils, etc. Repoussez les perles de serrage tout contre les perles du collier et écrasez-les fermement.

8 Coupez deux des fils, et faites passer le troisième par l'embout conique qui cachera l'extrémité du collier.

9 Enfilez une perle de serrage, une perle en argile et une autre perle de serrage après le cône. Faites passer le fil par un anneau puis refaites-le passer par les perles de serrage et la petite perle et, avec une aiguille, dans le cône. Resserrez bien le tout et écrasez les perles de serrage.

10 Avec des ciseaux tranchants, coupez l'extrémité du fil, des deux côtés. Puis fixez le crochet.

96 PERLES EN VERRE CORAIL

8 PERLES EN CÉRAMIQUE MAROCAINES ASSORTIES

Fleurs d'Afrique

Le semis de petites fleurs et les couleurs vives de ce délicat collier sont d'inspiration zouloue. Sa réalisation demande un certain temps, mais les techniques utilisées ne sont pas très difficiles, moyennant un brin de patience et de dextérité. Soyez sûr que vos efforts seront récompensés !

1 Commencez par tisser 165 rangs de 8 rocailles noires côte à côte pour former une longue bande (voir Tissage des perles). Cela terminé, repassez le fil dans tous les rangs pour les renforcer et équilibrer la tension.

11 Attachez un nouveau fil au milieu du dernier rang de la bande. Enfilez 7 rocailles et une perle vénitienne. Répétez l'opération deux fois, ajoutez 3 rocailles à l'extrémité et refaites passer plusieurs fois le fil dans les perles et les rocailles. Terminez en passant le fil dans quelques rangs du collier pour plus de solidité.

Matériel
Un bon stock d'aiguilles à perles
Ciseaux très tranchants
Colle/vernis à ongle pour consolider l'extrémité des fils
Cire d'abeille (facultatif)

Collier
(Article suivant
+ perles ci-contre)
10 m de fil en polyester et coton noir

2 Ajoutez un rang de rocailles noires sur le rebord supérieur du collier (voir Tissage des perles).

4 Ajoutez un nouveau fil à 28 rangs du milieu du collier. En utilisant les mêmes techniques que dans l'étape 2, commencez un rang horizontal en suivant le motif ci-contre. Revenez en arrière en utilisant les couleurs appropriées. Au bout du 3ᵉ rang, vous aurez une rangée complète de fleurs.

3 Répétez l'étape 2 pour le rebord inférieur, mais cette fois-ci en ajoutant 2 rangs de rocailles noires.

Note : le fait de frotter le fil à la cire le consolide et l'empêche de s'emmêler.

10 Confectionnez la bride en enfilant 19 rocailles environ (en fonction de la taille de vos perles vénitiennes). Passez le fil plusieurs fois dans la boucle et le collier afin de consolider le tout.

9 Nouez un nouveau fil et passez l'aiguille dans la dernière rocaille du rang. Ajoutez 3 rocailles de couleur avant de passer de nouveau dans la dernière rocaille. Ensuite, passez l'aiguille dans la rocaille suivante et ajoutez 3 rocailles de couleur. Continuez ainsi tout autour du collier (sauf sur les franges).

8 Cette frange se fait de la même façon que dans l'étape 7, mais en alternant cette fois 8 et 10 rocailles noires.

7 Pour réaliser les franges (voir Tissage des perles), ajoutez un nouveau fil et enfilez en alternance 16 et 14 rocailles noires, terminées par 3 rocailles de couleur. Répétez de l'autre côté du collier.

6 En comptant à partir du milieu du collier, commencez une autre rangée de fleurs entre le 11e et le 12e rang vertical de rocailles. Pour cela, vous ajouterez 24 rocailles qui feront six fleurs. Puis effectuez une deuxième rangée de fleurs. Terminez par un rang de rocailles noires.

5 Effectuez un rang de rocailles noires, puis commencez une nouvelle rangée de fleurs. Répétez l'opération jusqu'à ce que vous obteniez trois rangées de fleurs, chacune suivie d'un rang de rocailles noires.

18 G
DE ROCAILLES DE CHAQUE COULEUR : ROUGE, JAUNE, BLEU, TURQUOISE, ORANGE, VERT FONCÉ, VERT CLAIR, TAILLE 11/0

100 G
DE ROCAILLES NOIRES, TAILLE 11/0

3
PERLES VÉNITIENNES MILLEFIORE DE 8 MM

AFRIQUE

Céramique Kazuri

Kazuri, ou « petit et joli » en swahili, est également le nom d'une société établie il y a 17 ans à Nairobi, au Kenya, où l'on fabrique des perles en céramique à la main. Les perles qui composent ces colliers massifs et colorés en sont issues.

Matériel
Pinces de bijoutier

Collier
(Articles suivants
+ perles ci-contre)
Crinelle
Perles de serrage
Fermoirs
Grosses perles rondes en cuivre lisses
Petites perles rondes en cuivre lisses
Petits disques en cuivre
Rocailles noires, taille 8/0
Perles en cuivre cannelées

PERLES KAZURI
ASSORTIES

1. Ces colliers sont de différentes longueurs : 80, 87 et 68 cm.

2. Coupez un segment de crinelle à la longueur voulue et enfilez la perle centrale.

3. Ces colliers sont tous symétriques et les perles sont séparées par une série de rocailles noires et de petits disques en cuivre. Enfilez les perles selon le modèle ou au gré de votre fantaisie.

4. Terminez en fixant les extrémités aux fermoirs par des perles de serrage (voir FINITION).

Note : si vous ne parvenez pas à dénicher une telle variété de perles, vous pouvez peindre des perles unies à la peinture à céramique à froid ou au vernis. Vous pouvez même fabriquer vos propres perles dans un cours d'artisanat !

Afrique

Puissances africaines

Ce collier à la fois sobre et imposant est typiquement africain. Les grosses perles en os proviennent en effet du Kenya, tandis que les petites perles rayées sont une infime partie des milliers de tonnes de perles fabriquées à Venise au siècle dernier et envoyées par voie maritime sur les côtes africaines.

Matériel
Aiguille
Colle

Collier
(Articles suivants
+ perles ci-contre)
6 m de fil noir épais
8 perles en spirale
10 perles en verre noires mates
1 perle en corne pour le fermoir

1 Coupez quatre longueurs de fil de 1 m et enfilez la grosse perle en os au milieu. En commençant par un côté, enfilez deux rocailles, une perle rayée et deux autres rocailles sur chaque fil puis enfilez une perle en os sur les quatre fils réunis, suivie d'une perle en verre noire.

2 Continuez en séparant et en réunissant les fils selon le modèle, et terminez par une perle en verre noire suivie de trois rocailles sur chaque fil.

272
ROCAILLES NOIRES,
TAILLE 7/0

PUISSANCES AFRICAINES   121

5 Formez une boucle en rabattant l'extrémité des fils vers les perles, et continuez à faire des demi-nœuds par-dessus, de façon à dissimuler les bouts de fil. Terminez le tressage lorsque la boucle a la taille requise pour la perle en corne.

4 Avec des demi-nœuds, nouez les nouveaux fils par-dessus les anciens (voir Travail du fil). À 4 cm environ de l'extrémité, tressez les fils du centre pour créer la bride qui passera autour de la perle en corne.

3 Coupez 1 m de fil, pliez-le en deux de façon à l'utiliser en double et attachez-le fermement aux autres fils du collier. Enfilez une dernière perle en verre noire sur les huit fils réunis.

8 Enfin, à l'aide d'une aiguille, rentrez les extrémités des fils dans le tressage, consolidez-les par un point de colle et coupez ras.

7 Attachez les fils de nouage de la même façon que dans l'étape 3 et continuez en demi-nœuds. À 4 cm du bout, passez deux des fils porteurs par la perle en corne et rabattez leurs extrémités vers le centre du collier. Coupez les deux autres fils centraux près de la perle en corne et poursuivez le tressage en demi-nœuds jusqu'au bout.

6 Enfilez les perles de ce côté du collier et repoussez-les bien pour éviter les vides.

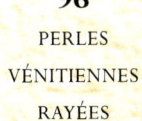

96
PERLES
VÉNITIENNES
RAYÉES

7
PERLES BATIK EN OS

Mystères Mauritaniens

Ce collier emploie de jolies perles en vieil argent et une perle Kiffa de Mauritanie, très recherchée. Les perles en argent et les délicats pendants argentés sont combinés avec des perles vénitiennes rayées anciennes, des « cœurs blancs » et quelques perles en verre modernes. La réalisation est simple, mais les extrémités sont tressées pour mettre en valeur la beauté des perles.

1. Coupez quatre longueurs de fil de 1 m et disposez-les sur votre plan de travail, en les espaçant. Commencez à enfiler les perles dans l'ordre que vous voulez, en veillant toutefois à ne pas placer les grosses perles trop près les unes des autres et à bien répartir les formes et les couleurs.

2. La perle Kiffa va au centre du fil inférieur. Gardez deux perles rayées vénitiennes pour les deux extrémités du collier, ainsi qu'une grosse perle en argent en guise de fermoir.

Matériel
Ciseaux
Aiguille
Colle

Collier
(Articles suivants + perles ci-contre)
8,50 m de fil polyester noir épais
2 grosses breloques en argent
37 petites breloques en argent
1 perle Kiffa
2 grosses perles en argent de Mauritanie
57 petites perles en argent
9 perles en argent, plus grosses
4 perles en céramique vernie bleues

53 perles en verre noires de 5 mm

2 perles en argent du Mali

12 perles en verre bleues à facettes

4 Coupez deux longueurs de fil de 4 m pour le tressage final. En l'utilisant en double, accrochez bien l'un de ces fils aux fils du collier, tout près des dernières petites perles. Enfilez une grosse perle rayée sur les huit fils réunis et entamez une série de demi-nœuds (voir Travail du fil) en vous arrêtant à 4 cm de la longueur totale du collier.

5 Passez les fils du centre dans la perle fermoir et repliez les extrémités vers les perles. Continuez à travailler en demi-nœuds par-dessus ces fils. Terminez juste en dessous de la perle fermoir.

3 Soulevez les quatre rangs ensemble pour voir s'ils tombent bien.

6 Pour l'autre côté du collier, ajoutez 50 cm de fil et réalisez une petite bride en nœuds de feston (voir Travail du fil). Vérifiez que les deux extrémités du collier sont de la même longueur et rabattez les bouts qui dépassent vers les perles, en tressant par-dessus. Continuez à tresser sur une petite partie de la bride jusqu'à ce que la boucle ait la taille appropriée pour la perle fermoir.

7 À l'aide d'une aiguille, rentrez les fils dans le tressage en les consolidant avec un point de colle avant de les couper.

31
perles vénitiennes rayées rouges (22 petites, 9 plus grosses)

238
rocailles noires, taille 7/0

14
rocailles rouge foncé, taille 7/0

27
« cœurs blancs » rouges

13
perles vénitiennes rayées bleues

Afrique

Perles de mariage

Les deux principales perles utilisées dans ces bijoux sont fabriquées en ex-Tchécoslovaquie pour le marché africain. Les perles en forme de goutte s'appellent des perles de mariage, car elles sont traditionnellement associées à cette cérémonie. Les perles triangulaires remplacent les perles en cônes très prisées et utilisées comme monnaie en Afrique orientale jusqu'à ce que les Anglais mettent fin à cet usage.

Matériel
Pinces de bijoutier
Scalpel
Ciseaux
Pince à becs ronds

Collier
(Articles suivants + perles ci-contre)
1,50 m de crinelle
2 embouts à lacet
1 crochet et
1 anneau (ou fil métallique de 0,8 mm)
6 perles de serrage
1 grand triangle
2 rocailles rouges, taille 7/0

Boucles d'oreilles
16 cm de fil métallique argenté de 0,8 mm
8 cm de tube en plastique noir
2 attaches de boucle d'oreille
2 anneaux de liaison
10 perles de mariage

Boucles d'oreilles
Coupez une longueur de fil métallique de 8 cm et formez un anneau (voir Fil métallique), en laissant une extrémité non recourbée. Coupez deux longueurs de 2 cm de tube et enfilez les perles et le tube sur l'anneau. Recourbez l'extrémité de l'anneau, ajoutez l'anneau de liaison et fixez l'attache. Faites de même pour l'autre boucle d'oreille.

7 Enfilez les perles dans le même ordre pour ce côté du collier.

70
ROCAILLES BLEUES, TAILLE 7/0

15
PETITS TRIANGLES

Perles de mariage 125

10 Fixez l'embout à lacet de la même manière et passez-y le crochet. Coupez ras l'extrémité de la crinelle à l'aide d'un scalpel.

9 Couvrez délicatement les perles de serrage de l'embout à lacet et écrasez-le fermement. Fixez l'anneau à l'embout.

8 Repoussez bien les perles et veillez à ce qu'il n'y ait pas de vides.

6 Maintenez les trois fils ensemble à l'aide de trois perles de serrage.

5 Sur les trois fils réunis, enfilez quatre perles de mariage séparées par une rocaille, puis six petits triangles également séparés par une rocaille. Terminez par trois rocailles.

4 En maintenant deux fils ensemble, enfilez cinq perles de mariage, séparées par une rocaille. Faites de même sur le fil resté seul. Puis répétez l'étape 3.

3 Enfilez une rocaille sur les trois fils réunis, suivie d'un petit triangle et d'une autre rocaille.

2 Séparez les fils et enfilez cinq perles de mariage sur chacun d'eux, en alternance avec une rocaille.

1 Coupez trois longueurs de crinelle de 50 cm et enfilez le grand triangle au milieu, suivi d'une rocaille bleue.

58
PERLES DE MARIAGE

Trésors d'Afrique

La croix a été fabriquée par des orfèvres éthiopiens, mais les perles en verre décorées, ou perles de commerce africaines, furent manufacturées à Venise avant d'être exportées sur les côtes africaines dans les années 1930. Ces perles millefiore existent en une multitude de motifs différents. En 1880, des experts estimèrent le volume de perles vénitiennes à 2720 tonnes, la majorité étant des millefiore. La Tchécoslovaquie en produisit également de grandes quantités pour le marché africain et les perles en verre unies de ce collier furent probablement fabriquées dans ce pays avant d'être exportées au Nigeria. Aujourd'hui, de nombreuses perles européennes expédiées en Afrique ont été revendues en Europe et aux États-Unis, ce qui devrait faciliter votre recherche.

Matériel
Pinces de bijoutier
Pince à becs ronds
Lime (pour le crochet)

Collier
(Articles suivants + perles ci-contre)
75 cm de cordon de cuir
1 croix éthiopienne
2 embouts ressort
1 crochet
(ou fil métallique de 0,8 mm)

Bracelet
18 cm environ de cordon de cuir
2 embouts ressort
1 fermoir à cliquet
1 petite perle vénitienne en verre
10 perles tchèques en verre
12 perles en os noires

Boucles d'oreilles
2 épingles à œillet de 50 mm
2 attaches de boucle d'oreille
2 perles vénitiennes en verre
2 perles tchèques en verre
4 perles en os noires
6 sphères argentées de 3 mm

1 Coupez 75 cm de cordon.

Trésors d'Afrique 127

Boucles d'oreilles
Enfilez les perles sur les épingles à œillet. Recourbez les extrémités et fixez les attaches.

Bracelet
Le bracelet se fait de la même façon que le collier, mais ce sont les œillets des embouts ressort que l'on ouvre latéralement pour y fixer le fermoir. Déterminez la bonne longueur de cordon avant de commencer.

3 Pour attacher les embouts ressort, placez-les à chaque extrémité du cordon et écrasez la dernière spirale fermement sur le cuir. Assurez-vous qu'ils tiennent bien.

4 Attachez le crochet à l'un des embouts ressort : ouvrez l'œillet du crochet latéralement à l'aide de la pince à becs ronds, installez le crochet et refermez l'œillet avec la pince.

2 Enfilez les perles selon le modèle, ou au gré de votre fantaisie.

44
PERLES EN OS NOIRES

14
PERLES VÉNITIENNES EN VERRE

28
PERLES TCHÈQUES EN VERRE

2
PERLES EN VIEIL ARGENT

128 Remerciements

Ouvertures de Chapitre

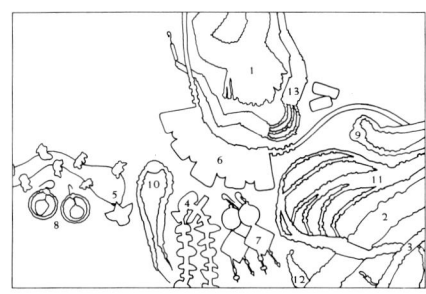

AMÉRIQUE (pages 26-27)
1, 2 et 3 : The Trading Post
4 et 5 : Neal Street East
6, 7, 8, 9 et 10 : Pachacuti
11, 12 et 13 : Tumi

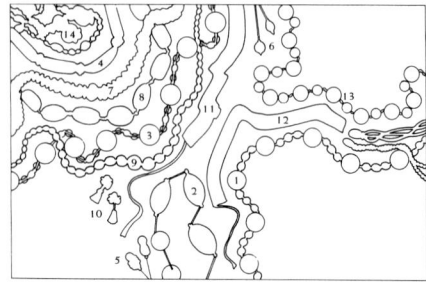

EUROPE (pages 48-49)
1, 2, 3 et 4 : Joka
5 et 6 : J.T. Morgan
7, 8, 9, 10, 11, 12, 13 et 14 : collections privées

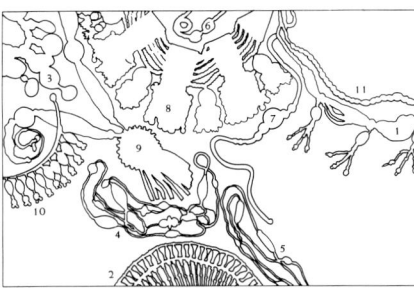

MOYEN-ORIENT (pages 68-69)
1 et 2 : Egyptian Bazaar
3, 4 et 5 : Ethnic World
6 et 7 : Necklace Maker Workshop
8 : prêt de Sheila Paine
9 : Amaz Ltd.
10 : collection privée
11 : Berber Design

EXTRÊME-ORIENT (pages 88-89)
1, 2, 3, 4, 5, 6, 7, 8 et 9 : collection de Carole Morris
10 et 11 : Neal Street East
12 : Necklace Maker Workshop
13 et 14 : collections privées

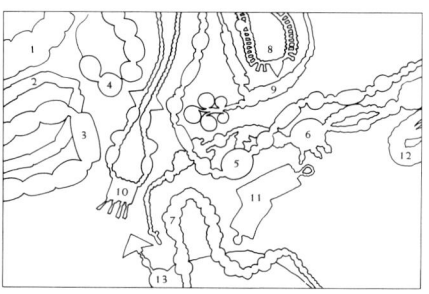

AFRIQUE (pages 108-109)
1, 2, 3 et 4 : African Accents
5 et 6 : Berber Design
7 : Neal Street East
8 : collection privée
9, 10, 11, 12 et 13 : Oxfam Trading

CRÉATEURS-BIJOUTIERS

L'auteur a réalisé tous les projets de cet ouvrage, à l'exception de ceux qui sont mentionnés ci-dessous. On peut contacter Sara Withers à Bojangles, Old Cottage, Appleton, Abingdon, OXON OX13 5JH Angleterre. Commandes acceptées.
Bracelet indien, Ailes d'oiseau «bambou» : Denise Weiss, 17 The Carltons, Elgin Mews North, London W9 1NN Angleterre. Commandes acceptées.
Fleurs d'Afrique : Evelyn Cohen, Oxbrook Cottage, Coombs, Near Lancing, West Sussex, BW15 0RS, Angleterre. Commandes de bijoux en perles acceptées.
Céramique Kazuri : Kazuri Ltd., PO Box 24276 Nairobi, Kenya. Fournisseur en perles.
Envol de phénix : Akiko Kase, 185A Portobello Road, London W11 2ED, Angleterre. Commandes acceptées.
Tour de cou édouardien : Elise Mann, The Crafty Owl, 54 Tiverton Road, Edgware, Middx HA8 6BC, Angleterre. Commandes acceptées.
Pendentif sur cordelette : Rodrick Owen, Lakeside House, 41 Lake Street, Oxford OX1 4RW, Angleterre. Commandes acceptées. La grosse perle provient de Bedazzled, Baltimore, États-Unis. Elle a été créée par Nancy Potek. Fil de soie : soie Kumihimo du Japon.
Perles et macramé : Jane Olson, 919 Bromley Drive, Baton Rouge, LA 70808 États-Unis. Commandes acceptées.
Argent de Thaïlande, Influence orientale : Tito et Jane Haggardt, PO Box 7099, Ocean View, Hawaii 96737 États-Unis. Fournisseur en perles.
Terre à modeler : Ann Baxter, The Cromlech, Cromlech Road, Ardnadam, By Dunoon, Argyll, Écosse PA23 8QH. Fournisseur en perles.
Oiseaux de paradis, Améthyste et argent : Erica Steinhauer, 40 Cowley Road, Oxford OX4 1HZ, Angleterre.
Inspiration précolombienne : Juana Gelen, The Peruvian Bead Company, 1601 Callens Road, Ventura, CA 93003 États-Unis. Fournisseur en perles.
Chaîne de Bohême : Catherine Popesco, Au Bout des Rêves, Zone Artisanale Le Cluzel, 42600 Lezigneux, France. Fournisseur en perles.
Joyaux de couronne : Hobby Horse Ltd., 15-17 Langton Street, London SW10 0JL, Angleterre. Fournisseur en perles.
Torsades rose et bleu : Carole Morris. Les perles de ce collier sont disponibles à Spangles, 1 Casburn Lane, Burwell, Cambridge, Angleterre CB5 0ED. Envoyez une enveloppe timbrée à votre adresse pour recevoir le catalogue.
Ancien et moderne : Janet Coles Beads Ltd., Perdiswell Cottage, Bilford Road, Worcester WR3 8QA, Angleterre. Fournisseur en perles.
Inspiration amérindienne : Schmuck-art, Peter Hegewisch Gmbh, Rudi-Ismayr-Str. 1a, 85375 Neufahrn, Allemagne. Fournisseur en perles.

Autres perles fournies par :

Ahenzi Beads, Flema, Chilton Foliat, Hungerford, Angleterre. Balagan Eye, Cambridgeshire, Angleterre. Beaded Toucan, Friday Harbour, WA, États-Unis. Beadworks, Londres, Angleterre, et Norwalk CT, États-Unis. Creative Beadcraft Ltd., Amersham, Bucks, Angleterre. Freedom Touch, Soquel, CA, États-Unis. Picard, Carmel, CA, États-Unis.
The Trading Post, Arts/Crafts Centre, 40 Middle Yard, Camden Lock, London NW1 8AF Angleterre.
Neal Street East, 5 Neal Street, Covent Garden, London WC2H 9PU, Angleterre.
Pachacuti, Old Stone Lodge, Musbury Road, Axmouth, Seaton, EX12 4BP, Angleterre.
Tumi, 23 Chalk Farm Road, London, NW1 8AG, Angleterre.
Joka (masques, bijoux et verrerie vénitienne), 48 West Yard, Camden Lock Place, London NW1 8AF, Angleterre.
J.T. Morgan (Haberdashery), 28 Chepstow Cnr, Chepstow Place, London W2 4XA, Angleterre.
Egyptian Bazaar at Museum Gallery, 19 Bury Place, London WC1 2JH, Angleterre.
Ethnic World, 71 Berwick Street, London W1V 3PE, Angleterre.
Necklace Maker Workshop, 259 Portobello Road, London W11 1LR, Angleterre.
Amaz Ltd., 16 Crescent West, Hadley Wood, Hertfordshire, Angleterre.
African Accents, 23 Ostade Road, London SW2 2AZ, Angleterre.
Berber Design, 84 Highgate High Street, London N6 5HX, Angleterre.
Oxfam Trading, Murdock Road, Bicester, Oxon OX6 7RF.